KB069991

기적의

서울대
쌍둥이
공부법

최상위권으로 올라서는 일대일 맞춤 공부 전략

기적의
서울대
쌍둥이
공부법

———— 여호원, 여호용 지음 ————

디선
에듀

대치동에 가지 않고도 배우는
내 아이 맞춤 솔루션

"서울대씩이나 나와서 왜 학원을 하고 있어요?"

우리 형제가 종종 듣는 말이다. 꼭 말이 아니어도 그런 시선을 느
낄 때가 있다. 이해가 안 가는 건 아니다. 우리 부모님조차 처음 학
원을 하겠다고 말씀드렸을 때 비슷한 반응이었으니 말이다. 사교육
에 대한 부정적인 인식도 조금 있고, 서울대를 나왔으면 좀 더 크고
의미 있는 일을 해야 하는 것 아니냐는 기대도 있어서 나온 생각일
것이다. 뭔가 더 가치 있는 일을 해야 할 인재가 돈만 좇으며 대치동
에서 학원을 하고 있는 게 아니냐는 생각도 담겼을 수 있다.

우리 형제는 십 대 때부터 수학을 가르치는 일이나 교육 사업을 하고 싶다는 꿈을 품기 시작했다. 수학을 좋아했고 잘했으며 친구들에게 가르쳐주는 걸 즐겼다. 그리고 부모님이 학원을 운영했다 보니 수학 교육을 하는 미래가 자연스럽게 그려졌던 것이다. 그런데 그 생각을 부모님께 전했을 때 아버지는 이렇게 말했다.

"그것도 좋지만, 너희만이 할 수 있는 일이 뭐가 있을지 한번 생각해 봤으면 좋겠다."

그때 처음으로 우리만이 할 수 있는 일을 고민했다. 단순히 내가 잘하고 좋아하는 것을 넘어 나만이 세상에 전할 수 있는 가치가 무엇일까를 생각하기 시작한 것이다. 그 고민을 이어가며 공부하고 경험하면서 꿈을 점점 확장하게 되었다. 그리고 그 과정에서 마음에 꽂힌 건 교육의 빈부격차였다.

우리는 충청남도 서산시에서 자랐다. '시'라지만 정확히는 대산읍 기은리로, 집 근처가 갯벌과 논밭인 작은 마을이었다. 학원도 몇 개 없었는데 그나마 있는 학원들도 작은 교습소 수준이었다. 이곳에서 중학교까지 다닌 후 공주에 있는 자사고인 한일고등학교에 진학했다.

거기서 수도권에서 온 친구들도 만나게 되었는데 우리와는 완전히 다른 세계에서 교육을 받아왔다는 걸 알게 되었다. 예를 들면 그때만 해도 수학 올림피아드가 많이 열렸고 우리도 나가서 상을 받곤 했지만, 올림피아드를 대비시켜 주는 학원이 있다는 걸 그 친구들에게서 들어 처음 알았다. 그 외에도 우리는 알지도 못했던 토플 시험을 대비해 주는 학원, 토론식 영어 수업을 하는 학원 등 우리 동네에서는 상상하지도 못했던 학원이 즐비했다. 인터넷에서만 봤던, 유명한 스타 강사에게 초고액 개인 과외를 받은 친구들도 있었다.

최근 방학을 맞이하여 자녀의 교육을 위해 대치동에 온 학부모를 만났다. 아이에게 전 과목 선생님을 붙여서 공부시키는데 어떤 학원의 학원비는 무려 한 달에 천만 원이 든다고 했다. 가격도 놀라웠지만 그 학원에서 어떤 교육 서비스를 제공하는지 들어보니, 그렇게 공부시키면 공부를 잘하게 될 수밖에 없겠다는 생각이 들었다. 그런데 그렇게 많은 돈을 들여 교육할 수 있는 부모가 얼마나 있겠는가. 집안의 경제력에 따라 받을 수 있는 교육의 수준이 크게 차이가 나는 게 현실이다.

이런 격차는 전 세계를 대상으로 봐도 마찬가지며, 교육 기회의 격차는 아이들이 미래에 그려나갈 삶의 격차로 이어진다. 고등학교 때 국제구호단체인 월드비전에서 활동한 적이 있었다. 그곳에서 우리는 개발도상국에 있는 가난한 아이들이 청소년기에 제대로 된 교육을 받지 못하고, 그에 따라 성인이 되고 나서도 가난에서 벗어날 자생력을 갖추지 못하여 또다시 자식들에게 가난을 대물림하고 있는 현실을 보게 되었다.

교육은 한 사람의 인생을 완전히 바꾸어놓는 힘을 지닌다. 그런데 본인의 노력과 상관없이 교육의 기회로부터 소외된 학생들이 있다. 우리 주변에도 이런 안타까운 현실이 있음을 깨닫게 되었고, 나중에 어른이 되면 반드시 이 문제를 해결해야겠다고 다짐했다. 그 다짐이 이어져 우리가 설립한 교육회사가 바로 올마이티캠퍼스다.

"1%만이 누리던 교육의 벽을 허물어 모든 아이가 더 나은 미래를 꿈꿀 수 있게 합니다."

이는 우리가 설정한 올마이티캠퍼스의 미션이며, 우리가 교육업을 하고 있는 이유다. 더 이상 타고난 환경의 차이로 인해 양질의 교육으로부터 소외되는 아이들이 없는 세상, 그리고 그로 인해 누구나 더 나은 미래를 꿈꿀 수 있는 세상이 우리가 만들고자 하는 미래다.

그래서 우리는 단순히 학원을 운영하는 것을 넘어 최고의 선생님들이 지도하는 방식을 교육 시스템에 녹여내고, IT 기술을 활용하여 지리적 제약과 비용 부담 문제를 해결하는 솔루션을 만들어나가고 있다. 누구나 일반적인 학원비로 초고액 개인 과외 수준의 수업을 들을 수 있게 할 것이며, 나아가서는 학원비 낼 여력이 없는 학생들도 충분한 도움을 받을 수 있는 솔루션을 만들고자 한다.

유튜브를 시작한 것도 이런 생각의 일환이다. 학원을 운영하면서 아이에 대해 개별 멘토링이나 컨설팅을 해왔는데, 이를 통해 아이들이 큰 도움을 받고 학부모님들도 감사를 표하곤 했다. 우리도 뿌듯했지만 한편으로는 아쉬움이 남았다. 우리가 상담할 수 있는 학생의 수는 한계가 있었기 때문이다. 그래서 유튜브를 통해 전국에 있는 학생들이 도움을 받았으면 좋겠다는 생각으로 유튜브 〈서울대 쌍둥이〉를 시작하게 됐다.

이 책도 그런 노력의 결과다. 지금까지 우리가 수많은 학생을 지도하면서 깨달은 학습 지도에 대한 노하우를 정리하여 전국에 있는 학부모님들에게 알려드릴 수 있다면 큰 도움이 될 것이라 생각했다. 숱한 고민과 시행착오를 거치며 정립된 우리의 교육 철학과 실질적인 진단법, 그에 따라 실천할 수 있는 공부 솔루션을 이 책에 모두 담았다.

부모가 공부에 대해 잘못된 생각을 가지고 있으면 자연히 아이들도 흔들린다. 1부에서는 부모들이 흔히 하는 공부에 대한 오해와 착각을 짚어본다. 현실적으로 이 책에 담긴 모든 조언을 다 따르기는 힘들 수도 있다. 하지만 적어도 1부에서 안내한 원칙만 지켜도 부모가 아이의 성공을 방해하진 않을 것이다.

이를 점검한 뒤에는 본격적으로 아이의 입시 성공을 위한 4단계를 시작해 보자. '진단 - 동기부여 - 전략과 실행 - 의지 관리'의 단계다. 먼저 2부에서는 우리 아이를 진단해 본다. 생각보다 자녀에 대해 잘 모르는 부모가 많다. 학업 수준뿐 아니라 공부 성향이나 가치관도 잘 모르고서 남들 다 한다니까 그냥 따라서 시킨다. 하지만 그렇게 해서는 성공할 수 없다. 2부에서는 아이와 부모 자신을 점검할 수 있는 체크리스트를 통해 현 상황을 명확히 진단해 보도록 한다.

아이를 진단했다면 그에 따른 전략을 짜야 한다. 그런데 그전에 할 일이 있다. 바로 동기부여를 해주는 것이다. 동기부여가 바탕이 되지 않으면 그 어떤 기가 막힌 전략을 짜더라도 아이가 따라오지 못하기 때문이다. 3부에서는 아이가 스스로 공부하도록 동기를 부여하는 방법에 대해 알아본다.

동기부여를 했다면 이제 본격적으로 우리 아이에게 맞는 전략을 짜고 실행할 차례다. 4부에서는 학업에 필요한 수단을 어떻게 활용하고 어떤 방식으로 공부해야 효율적인지 소개한다. 입시는 장기 레이스다. 이런 전략을 실행해 나가는 데는 한순간의 동기부여보다 지속적인 관리가 필요하다. 이것을 우리는 '의지 관리'라고 부른다. 아이의 동기가 꺾이지 않도록 계속해서 관리하고 힘을 주는 방법을 5부에서 알아본다.

그런데 이 모든 과정을 효과적으로 실행하기 위해서는 기본적으로 6부의 내용이 뒷받침되어야 한다. 그건 바로 부모와 자녀 간의 관계를 탄탄하게 다지는 부모의 마인드셋이다. 아이와 신뢰 관계가 없으면 부모는 아이를 제대로 지도할 수 없게 되고, 아이가 클수록 어떤 부모의 노력도 통하지 않게 된다. 그래서 앞의 네 가지는 신뢰 관계를 충분히 다지면서 진행해야 큰 효과를 거둘 수 있다.

공부는 '모 아니면 도'가 아니다. 꼭 서울대에 가야 입시에서 성공하는 게 아니다. 각자의 상황에서 최선을 다하고 저마다의 성과를 거둔다면 충분히 성공이다. 그 과정에서 아이와 부모도 한 뼘 더 성장하고, 아이와 부모와의 관계 또한 돈독해질 것이다. 이 책이 그 여정을 현명하게 걸어가는 데 도움이 되길 바란다.

2024년 3월

서울대 쌍둥이 여호원, 여호용 씀

목차

* * * * *

1부

어머니,
그렇게 하시면 안 됩니다

4부

성공하는 방식을 가르쳐야 합니다

5부

의지 관리

열심히 하는 것에도 노하우가 있습니다

6부

부모 자녀 관계

관계가 좋아야 이 모든 게 가능합니다

★ ★ ★ ★

1부

어머니,
그렇게 하시면 안 됩니다

'입시에 성공하려면 이렇게 하라!'와 같은 조언이 넘치는 세상이다. 그 무수한 조언을 모두 듣고 따라 하는 건 거의 불가능한 일에 가깝다는 사실을 받아들이는 것에서부터 자녀 교육은 시작된다. 오히려 모든 이야기를 다 따르고자 하면 우왕좌왕하고 혼란스러워진다. 우리는 사고를 살짝 바꿔보자. 차라리 '이것만은 하지 말라'는 것을 확실히 피해 가라. 그것만 안 해도 아이의 공부에 훨씬 긍정적인 영향을 줄 것이다.

방향이 거꾸로 된
부모의 관심

학부모 상담을 하다 보면 자녀 공부에 대한 부모님의 열정과 노력에 감탄하게 될 때가 많다. 어떻게든 조금이라도 더 공부를 제대로, 잘 시키기 위해 각종 입시 정보를 열심히 찾아보고 좋은 학원과 교재를 수소문해서 알아보는 부모가 많기 때문이다.

물론 부모의 노력과 관심은 대부분 아이의 학습에 큰 영양분을 주는 기반이 된다. 그만큼 아이는 시행착오를 줄이고 입시까지 차근차근 나아갈 확률이 높기 때문이다. 그러나 가끔은 이러한 노력이 우려될 때도 있다. 부모의 관심이 아이가 아닌 외부의 무엇인가로부터 시작되는 경우다.

부모들이 흔히 착각하는 것 중 하나가 입시에서 성공하기 위해 꼭 따라야 하는 루트가 있다고 믿는 것이다. 아이가 뒤처지지 않고 상위권에 순탄하게 들어가기 위해서는 어느 학년까지는 어떤 학원의 어느 반에 꼭 들어가야 한다거나, 언제까지 어느 과정은 끝내놓아야 한다거나, 어느 교재들은 반드시 끝내야 한다거나…. 공부를 잘하는 데 통하는 특정한 '길'이 있다고 믿는다. 그래서 옆집의 공부 잘하는 아이가 어떻게 공부하는지를 보고 우리 아이도 그 길을 똑같이 따라가게 해야 한다고 생각한다.

그러나 이러한 생각은 매우 위험하다. 그 길이 우리 아이에게 맞지 않는 길일 가능성이 크기 때문이다. 서울대학교에 합격한 학생 100명을 모아놓고 어떻게 공부했는지 조사해 보면 단 한 명도 똑같은 방식으로 공부한 학생은 없다. 일부 공통점이 있을지언정 제각기 자신에게 가장 알맞은 방법을 찾아 공부해 왔다.

아이마다 필요한 공부는 다르다

일란성 쌍둥이로 태어나 같은 초중고를 다니고 동시에 서울대학교에 합격한 우리 형제도 남들이 보면 똑같은 환경에서 똑같은 방식으로 공부했을 거라 생각하겠지만, 자세히 들여다보면 오히려 서로 다른 부분이 많았다. 한 명은 수업 시간에 선생님이 하는 모든 말을 하나도 빠짐없이 필기하면서 수업을 들었고, 한 명은 요점만 간단히 필기하며 최대한 설명을 듣고 바로 이해하는 것에 집중했다. 또 한 명은 교과서를 볼 때 밑줄 긋기, 동그라미 치기 등 다양한 표식들을 이용하며 공부했지만 다른 한 명은 최소한의 표시만 하면서 공부했다. 서로 선호하는 인강 선생님은 물론 한 명은 문과, 한 명은 이과를 전공할 정도로 좋아하는 과목도 달랐다.

이렇듯 DNA까지 똑같은 일란성 쌍둥이인 우리도 공부해 온 각자의 경험과 그 과정에서 만들어진 성향에 따라 선호하고 잘 맞는 공부 방식이 달랐다. 그런데 심지어 피도 한 방울 안 섞인 다른 집 아이가 우리 아이와 공부 성향이 비슷할 확률이 얼마나 될까? 깊게 고민해 보지 않아도 답을 찾을 수 있을 것이다.

그러나 여전히 수많은 부모님이 이것을 간과하여 아이의 공부를 위태롭게 한다. 아이의 수준에 맞지 않는 무리한 학습을 시키거나 아이의 성향에 맞지 않는 특성의 학원을 보내기도 하며, 지금 당장 아이가 우선적으로 챙겨야 할 학습 요소를 뒤로 한 채 다른 상위권 친구가 하고 있는 대로 따라 하도록 지도하기도 한다. 이런 환경에서 공부한 아이는 학습 성과도 잘 나오지 않고 공부하는 과정이 괴롭게 느껴져 지칠 수밖에 없다.

아이에게 공부를 지도할 때 가장 먼저 점검하고 명심해야 할 점은, 다른 상위권 아이들이 어떻게 공부하고 있는지를 볼 것이 아니라 우리 아이의 현 상황을 먼저 살펴봐야 한다는 것이다. 이것이 자녀 공부에 대한 올바른 관심과 노력의 출발점이다.

내 아이가 과목별로 실력은 어떠한지, 혼자 공부하는 걸 좋아하는지 아니면 친구들과 같이 공부하는 걸 좋아하는지, 주어진 숙제는 성실하게 하는 편인지, 집중력이 좋은 편인지 등 아이의 학습 상황을 완벽하게 파악한 뒤에 앞으로의 공부 방향을 정해야 한다. 그래야만 앞으로 어떻게 공부하면 좋을지 다양한 선택지를 살펴보며 아이에게 맞는 길을 명확하게 고를 수 있다.

입시, 학원, 교재, 공부법 등 외부에서 쏟아지는 모든 정보는 우리 아이를 정확히 알고 난 다음에 아이에게 맞춰 활용해야 할 수단들일 뿐이다. 절대 수단이 목적이 되게 해서는 안 된다. 아이의 상황을 정확히 분석하여 진단하는 것이 공부의 첫 단계다.

선행을 많이 할수록
좋다는 착각

    어느 날 한 어머니가 중학교 3학년 자녀와 함께 우리 학원을 찾아왔다. 고등학교 입학에 대비해서 선행 학습을 하고 싶다는 게 주요 상담 내용이었다.

    "고등학교 3년의 수학을 미리 공부해서 가야 할 텐데, 아직 고등학교 2학년 과정을 하고 있어요. 입학 전에 고등학교 전 과정을 끝내게 도와주세요."

    고등학교 과정을 미리 배우고 입학하면 고등학생 때 똑같은 내용을 두 번째로 공부하게 되니 성적이 훨씬 더 잘 나오지 않겠냐는 논리였다. 이러한 이유에서 선행 학습을 해달라는 학부모가 많이 찾아온다. 그럴 때마다 우리가 가장 먼저 묻는 것은 현재 아이의 내신 성적이다. 이 아이의 현재 수학 성적은 80점 정도라고 했다. 그 말을 듣자 탄식이 절로 나왔다.

'아… 이 상태에서 선행을 하면 고등학교에서 성적이 잘 나올 수가 없는데….'

이 상태에서 선행을 하면 2~3년 뒤 제 학년이 되었을 때 성과가 안 나올 게 뻔했다. 중학교 내신에서 80점 정도의 수준을 보인다는 건 심화 문제를 풀 수 있는 사고력이 아직 부족하다는 뜻이기 때문이다. 현행의 심화 문제를 풀지 못하는 수준에서 진도만 계속 나가봤자 더 어려운 고등학교 과정을 제대로 이해해서 자기 것으로 만들기는 힘들다. 쉽게 말하면, 현행에 구멍이 뚫린 채 그 위에 선행을 쌓아 올리니 쉽게 무너지는 것이다. 그래서 지금보다 성적이 오르기는커녕 떨어질 가능성이 커진다.

'80점 정도면 잘하는 편이 아닌가?'라는 생각이 들며 의아할 수도 있다. 그런데 여기에는 일종의 착시가 있다. 중학교 때의 내신 성적은 절대평가로 90점 이상은 A, 80점 이상은 B, 70점 이상은 C, 60점

이상은 D, 60점 미만은 E등급이다. A부터 E까지 5가지 등급으로 이루어져 있다 보니 A를 받으면 상당히 훌륭하고, B만 받아도 어느 정도 상위권인 것처럼 느껴진다. 하지만 중학교 시험은 절대평가여서 학교에 따라 A의 비율이 30-40%까지 되기도 한다. 그런데 고등학교 등급 기준으로 30~40%는 4등급에 해당한다. 4등급의 경우 '인서울'이 힘든 수준이다. 그 말은 곧 중학교 때 A를 받았다고 해도 고등학교에서 상위권의 성적을 거두기는 어려울 수 있다는 의미며, B를 받는다면 5등급 이하까지 내려갈 수도 있다는 얘기다.

아이의 학업 수준에 맞지 않는 선행은 오히려 성적을 망친다. 그런데 많은 학부모가 진도는 무조건 빨리 나가야 좋은 것이라고 오해한다. 심지어 이렇게 말하는 경우도 많다.

"저희 아이가 중1인데 선행을 많이 못 시켰어요."

그래서 지금 어떤 책을 공부하고 있느냐고 물으면 중학교 3학년 과정을 보고 있다고 한다. 중학교 1학년인데 중3 책을 보면서도 '선행을 못 시켰다'고 말한다. 더 낮은 학년의 경우에도 초등학교 6학년이 중학교 2학년 과정을 공부하면 늦었다고 생각하기도 한다. 이처럼 무리한 선행이 만연해 있다.

무분별한 선행이 만연한 이유

특히 '대한민국 교육 1번지'로 불리는 대치동에서는 상위권 학생이 아니어도 고등학교에 입학하기 전인 중3 때까지 적어도 고2 과정까지 선행을 하는 경우가 많다. 초등학생의 경우에는 중학교에 입학하기 전에 중학교의 전 과정을 한 번 끝내고 들어간다.

심지어 대치동의 몇몇 이름난 학원에서는 초등학교 6학년 때 고등학교 1학년 과정을 공부한다. 최상위권 학생들이 모인 반인데, 이런 반이 유명한 이유는 입시 결과가 좋기 때문이다. 그러다 보니 이런 선행 학습반에 들어갈 수 있느냐 없느냐가 많은 학부모의 기준이 되었다. 그런 곳에 입학 테스트를 봐서 통과하지 못하면 뒤처졌다고 생각한다.

하지만 이는 선후관계가 불명확하다. 거기서 그렇게 선행을 했기 때문에 대학을 잘 간 것이 아닐 수도 있다. 애초에 공부를 잘하는 아이들이 거기 모인 것일 수도 있는 것이다. 전국에서 가장 똑똑한 학생 100명을 모아놓고 자습시키는 학원을 만들었다면 입시 결과가 좋을 수밖에 없지 않겠는가. 학원의 도움이 없진 않겠지만 그 이유가 온전히 학원이나 선행 때문은 아닐 것이다.

물론 초등학교 6학년인데 고등학교 1학년 수준까지도 정말 잘해내는 아이들도 일부 있다. 대치동에는 그처럼 대한민국에서 아주 뛰어난 아이들을 위한 시스템이 만들어져 있다. 그런 친구들을 위한 반이 있고, 그 반에서 그 진도를 나가는 건 납득이 간다.

그런데 문제는 많은 부모가 무턱대고 우리 아이에게도 그 학습 과정을 똑같이 적용하려 한다는 점이다. 실력은 상위권이 아닌데 무리하게 상위권 수준의 공부를 하고 있는 학생이 많다. 현행도 잘 안 되는 수준인데 말이다. 부모들은 우리 아이가 어떤 수준인지도 알지 못하면서 무작정 학원에 밀어 넣고는 우리 아이도 선행을 하고 있다며 안도하곤 한다.

부모 입장에서는 내 자식이 그 정도 수준이 아니라는 걸 인정하는 게 쉽지 않을 것이다. 자존심이 상한다고 말하는 부모도 있다. 우리 아이와 같은 학년의 옆집 아이는 벌써 3년 후 과정을 하고 있다는데, 우리 아이도 그렇게 하지 않으면 안 될 것 같아 조급해진다. 그렇게 돈은 돈대로 시간은 시간대로 쓰고, 아이는 힘들게 공부하는데 성적이 안 오르니 답답해하고 한탄한다. 그럼 또 부모는 더 좋다는 학원을 찾아다니며 다시 돈과 시간을 쓴다.

하지만 우리 아이가 극소수의 최상위권이 모인 반에 들어가지 못했다고 해서 뒤처지거나 늦었다고 생각하는 건 지나친 걱정이다. 억지로 그런 반과 같은 진도를 좇는다고 해서 성과를 얻기도 힘들다. 아니, 오히려 역효과가 난다. 선행도 잘하지 못하는데, 그렇다고 현행을 제대로 따라가는 것도 아닌 애매한 위치에 머물기 쉽다.

선행을 아예 하지 말라는 말이 아니다. 아이 수준에 맞게 현명하게 시켜야 한다는 뜻이다. 올바르게 선행 학습을 지도하는 방법에 관해서는 4부에서 자세히 소개하겠다.

학원으로 가득 채운
아이의 시간표

대치동에는 아이의 하루 스케줄을 빡빡하게 채워 일주일 내내 쉴 새 없이 돌리는 열성 학부모가 많다. 우리 학원에도 그런 학부모들이 자주 찾아오곤 한다. 어느 날은 중학생 자녀를 둔 어머니가 찾아왔다. 이야기를 들어보니 아이는 전 과목을 각각 유명 학원에 다니며 공부하고 있었다. 아이의 일주일은 학원 스케줄로 가득 차 있었다.

문제는 그렇게 공부하는데도 아이의 성적이 좋지 않다는 점이었다. 아이가 학원을 빼먹으며 불성실하게 다니는 것도 아니고 시키는 대로 열심히 하는데 대체 뭐가 문제인지 모르겠다며 어머니는 답답함을 토로했다. 부모는 매달 학원비로 큰돈을 내며 학원에 아이를 실어 나르느라 힘들고, 아이는 학원에 둘러싸여 바빠 공부하느라 힘든데도 기대한 만큼의 성과가 안 나오니 답답할 만도 하다.

어머니와 이야기를 나누던 우리는 이러한 문제의 근원이 무엇인지 단번에 알 수 있었다.

"어머니, 학원을 많이 보내는 게 문제입니다."

중고등학생 때 절대 하지 말아야 할 일 중 대표적인 게 전 과목을 모두 학원에 보내 공부시키는 것이다. 학원을 많이 다닐수록 공부를 잘할 것이라는 생각은 매우 위험한 발상이다. 학원으로 공부의 모든 시간을 채우는 건 아이가 깊이 있게 공부하고 성적을 높이는 데 결코 도움이 되지 않을 뿐 아니라 오히려 성적이 떨어질 수도 있다.

전 과목을 모두 학원에 다니는 경우를 살펴보면, 보통 과목별로 다른 학원을 간다. 수학은 수학 전문 학원, 영어는 영어 전문 학원에 가서 배운다. 그러면 각 학원에서는 어떤 일이 벌어질까? 먼저 수학 학원에서는 수학 성적밖에 관심이 없다. 수학 성적을 올려주는 게 그 학원의 임무니 당연하다. 마찬가지로 영어 학원에서는 아이의 영어 성적이 제일 중요하다. 아이가 다른 과목은 어떻게 공부하고 있는지 애초에 알 수도 없고 별로 관심도 없다.

그러므로 당연히 각각의 학원에서는 해당 과목만 최대한 많이 공부시키려고 한다. 엄청난 양의 숙제를 내주고, 테스트를 통과하지 못하면 공부량을 늘린다. 그래서 전 과목 모두 학원을 다니는 아이들은 항상 숙제를 제대로 하지 못한다. 도저히 일주일 내에 할 수 없는 양을 떠안게 되기 때문이다. 해내지도 못하는 숙제에 허덕이느라 정작 배운 것을 제대로 소화해 자기 것으로 만들 시간이 부족해진다. 결국 아이는 스트레스만 받고 성적은 제자리걸음인 악순환이 계속된다.

혼자 하는 공부가 효율을 높인다

조금 더 근본적인 이야기를 해보자. 혼자 하는 공부와 학원이나 과외처럼 외부의 도움을 받는 공부 중에서 가장 효율이 높은 건 스스로 하는 공부다. 예를 들어 한 쪽짜리 분량의 개념 설명을 내가 눈으로 읽고 혼자 이해할 수 있다면 5분 만에도 완벽히 끝내고 다음 공부로 넘어갈 수 있다. 그런데 똑같은 걸 누군가에게 설명을 들으며 이해하려면 적어도 20~30분은 걸린다. 기본적으로 외부의 도움을 받아서 공부하는 방법 자체가 시간이 훨씬 오래 걸린다.

따라서 효율을 따져봐도, 아이의 공부 스케줄을 학원으로 꽉 채우는 건 가장 비효율적인 방식이라 할 수 있다. 스스로 할 수 있는 건 최대한 스스로 하고, 혼자 해내기 어려운 부분 중에서 우선순위를 정해 학원의 도움을 받아야 한다. 이렇게 효율적으로 공부하기 위해서는 먼저 스스로 할 수 있는 것과 그렇지 않은 것을 판단해야 한다.

우리가 고등학생일 때 3년 동안 독보적으로 전교 1등을 하던 친구가 있었다. 공부를 잘한다는 아이들이 모인 자사고 안에서도 탑인 친구였다. 얼마 전에 그 친구를 만나서 이야기하다가 깜짝 놀랐다. 그 친구가 고등학교 시절 내내 학원은커녕 인터넷 강의도 안 보고 혼자 교과서와 문제집으로만 공부했다고 이야기했기 때문이다. 충분히 스스로 할 수 있으며 다른 도움이 필요하지 않다고 생각했기 때문에 그 흔한 인강도 듣지 않았단다.

이렇듯 사교육은 필수 사항이 아니다. 아이 수준을 봤을 때 혼자 해내지 못해 도움이 필요하다면 사교육의 도움을 받고, 그렇지 않다면 혼자 하면 된다. 남들이 다 하니까 나도 해야 한다는 건 없다. 특히 중고등학생 때는 학원에 다니는 걸 기본값으로 생각해서는 안 된다.

아이를 많은 학원에 보내고 있는가? 갑자기 모든 학원을 단번에 끊을 수는 없겠지만, 적어도 모든 과목을 학원에 보내 공부시켜야 한다는 생각은 내려놓기를 바란다. '학원에 가지 않으면 아이 성적에 당장 큰 문제가 생기지 않을까?'라고 걱정하지 않아도 된다. 무조건 사교육 개수를 늘리지 말자. 아이의 상황에 맞춰 올바른 기준에 따라 사교육을 선택한 뒤 효율적으로 활용하는 눈을 기르자.

대치동에 보내지 않으면
SKY는 힘들다?

초등학교 6학년 남학생을 둔 한 어머니는 평소 주관을 갖고 아이를 교육했다. 여태까지 학원에 보내지 않고 집에서 기본 교재로 아이를 공부시켜 왔다. 그러다 6학년이 된 아이가 먼저 수학 학원을 다녀보고 싶다고 해서 집 근처에 있는 학원에 보내주었다. 학원에 다닌 지 한 달쯤 되었을 때 아이는 상위권 반으로 올라갔다. 선행을 한 것도 아닌데 금세 성과를 내는 아이를 보며 어머니는 뿌듯했다. 그런데 엄마들이 모인 자리에서 종종 이런 이야기가 들렸다.

"요즘은 대치동에 있는 학원을 다녀야 한다더라. 그렇지 않으면

SKY는 힘들어."

"맞아, 예전에는 개천에서 용이 난다고들 했지만 최근에는 아주 뛰어난 아이가 아니고서야 SKY는 어렵지."

이런 얘기를 들으니 우리 아이도 대치동에 보내야 하지 않을까 하는 생각이 들었다. 하지만 대치동에 보내기에는 집에서 거리가 멀기도 하고 경제적 여유가 없어 고민이 깊어졌다. 더 잘할 수 있는 아이를 지원해 주지 못해 앞길을 막는 건 아닌가 싶어 속상한 마음도 들었다. 무리해서라도 아이를 대치동에 보내야 하는 걸까?

이런 고민을 하는 부모가 많다. 수도권에 산다면 대치동까지 차로 1~2시간 걸리는 경우가 많은데, 멀긴 하지만 못 갈 거리도 아니니 더 고민이 된다. 심지어 지방에 살면서 주말에 KTX나 비행기를 타고 대치동에 오는 학생들도 있다. 그마저도 형편이 안 되는 부모는 우리 아이만 뒤처지는 건 아닐까 불안해하고, 지원해 주지 못하는 걸 미안해하기도 한다.

우리도 학부모들과 상담하다 보면 대치동 교육에 대한 막연한 환상이 있는 분들을 많이 만난다. 다른 엄마들이 아이를 대치동에 보내는 데는 다 이유가 있을 거라고 생각하고, 대치동에만 보내놓으면 성적이 오를 거라고 기대한다. 그러고는 기대만큼 아이 성적이 오르지 않으면 이렇게 말한다.

"대치동까지 보냈는데 왜 성적이 안 오르죠?"

학군지에 대한 오해와 진실

대치동뿐 아니라 학군지에 아이를 보내야만 입시에 성공할 수 있다고 생각하는 부모가 많다. 그렇게 생각하는 이유를 들어보면 크게 세 가지로 정리된다.

이유 1 대치동이나 학군지에는 좋은 학원이 많다.
대치동에만 학원이 1000여 개가 있을 만큼 선택폭이 넓다 보니 더더욱 이런 생각을 한다. 우리 학원에도 다른 지역에서 대치동까지 공부하러 오는 학생들이 있는데, 그 부모들이 많이 하는 이야기가 '우리 동네에는 보낼 만한 학원이 없다'는 것이다.

이유 2 학군지는 공부하는 분위기가 잘 조성되어 있다.
학군지라고 불리는 지역에는 기본적으로 공부를 열심히 하는 분위기가 조성되어 있는 것이 사실이다. 다 같이 공부를 많이 하는 게 당연한 분위기다. 그 공부하는 분위기가 중요하다고 생각해서 학군지에 보내려는 부모가 많다.

이유 3 좋은 네트워크를 쌓을 수 있다.

학군지에서 학창 시절을 보내면 좋은 대학에 가는 친구도 많을 것이고 나중에 사회적으로 성공하는 친구도 많을 것이며, 그런 친구들과 교류하면 나중에 인생을 살면서 다 도움이 될 거라고 생각한다. 아이뿐만 아니라 학군지에는 사회적으로 지위가 높은 학부모도 많을 거라고 생각하며, 그런 인맥이 도움이 될 거라 여긴다.

어떤가? 세 가지 이유를 듣고 고개가 끄덕여지는가? 그런데 앞의 내용 중에서 어느 정도 사실도 있지만 오해하고 있는 부분도 많다.

우선 첫 번째 이유를 살펴보자. 대치동은 교육과 입시에 대한 열망이 응축된 곳이다 보니 수준 높은 환경을 갖추고 있긴 하다. 그러나 이보다 먼저 고려할 부분이 있다. 대치동 학원에서 특별히 잘 가르쳐서 입시 결과가 좋은 걸까? 아니면 공부를 잘하는 아이들이 대치동에 몰리니까 좋은 대학에 입학하는 비율도 높은 걸까? 사실 공부를 애초부터 잘하는 아이들이 대치동에 많다는 게 더 결정적인 요인이라고 본다.

학군지 이외의 지역에는 다닐 학원이 없다는 것도 정말인지 냉정히 판단해야 한다. 실제로 그런 경우도 있지만 그렇지 않은데 그렇다고 생각하는 경우가 더 많다. 우리 형제는 충청남도 서산에서 자랐는데, 대도시와 같은 학원가가 있었던 건 아니지만 그곳에도 과목별로 유명한 학원들이 있었다. 기본적으로 우리나라는 사교육의 수준이 높기 때문에 영재 교육을 시킨다든가 하는 특수한 경우가 아니라면 중상위권까지는 어디에서 학원을 다녀도 충족이 된다. 또 요즘은 온라인 강의도 점점 발전하고 있어서 온라인으로 채울 수 있는 부분도 많다.

그럼 최상위권 정도 되는 학생들은 대치동에 가야 할까? 그것도 아닌 게, 최상위권 정도 되면 사실 인강을 들으며 혼자 공부해도 된다. 그러니까 성적이 어느 정도인지에 관계없이 대치동 같은 학군지에 꼭 가야 한다는 말은 사실이 아니다.

중요한 건 '어디에서 공부하느냐'가 아니다. '어디를 가야 우리 아이에게 필요한 것을 충족시킬 수 있는가'를 봐야 한다. 이것부터 판단한 다음, 필요하다면 학군지에 가라. 그러나 갈 필요가 없을 수도 있다.

아이의 필요를 충족할 수 있는지부터 판단하라

아이의 필요를 충족할 수 있다면 그곳이 아이에게 최상의 공부 장소다. 따라서 우리 아이의 장단점을 명확히 알고 아이에게 필요한 것을 파악해야 한다. 먼저 이런 질문을 하고 싶다.

PART 1

"지금 아이의 공부 상황에 대해 정말 잘 알고 있는가?"

'대치동에 가느냐 마느냐'를 고민하기 전에 '아이의 공부 상황이 어떠한가'를 살펴라. 과목별로 지금 학년 수준에 맞게 잘하고 있는지를 점검하라. 지금 아이의 수준에서 과목별로 채워야 할 것은 무엇이 있는지 판단하라. 이게 파악됐다면 지금 있는 지역에서 과목별로 어떤 선택지가 있는지 살펴보라.

이 순서를 제대로 밟는다면 단언컨대 70~80%의 경우는 해결될 것이다. 이런 기본적인 것에 대해 파악이 안 되어 있으면서 대치동이나 학군지에 보낼지 고민하는 건 아무 의미가 없다.

우리 학원에도 다른 지역에 살면서 대치동에 있는 우리 학원에 아이를 보내고 싶다고 찾아오는 학부모들이 있다. 그러면 먼저 아이의 상황을 살펴본다. 지금까지 공부를 어떻게 해왔는지, 실력은 어떤지, 지금 지역에서 다니는 학원은 어떤지 등을 파악한다. 그렇게 따져보면 이동하는 시간과 노력에 비해 대치동에서 얻을 수 있는 이점이 크지 않은 경우가 많다. 그런 경우에는 굳이 우리 학원에 오는 것을 권하지 않고 돌려보낸다.

이처럼 학군지에 갔을 때 포기할 것과 얻을 것을 생각해 보고 플러스가 큰지 마이너스가 큰지를 판단해 봐야 한다. 마이너스가 더 큰데도 무리하게 대치동에 보내려는 부모는 기본적으로 학원을 통해 한 번에 다 해결할 수 있다는 생각을 가진 경우다. 이러한 경우 아이도 결국 학원에 의존해서 공부하기 쉽다. 그러나 학원은 하나의 수단일 뿐 본질은 아니다.

대치동을 비롯한 학군지에 대한 막연한 환상을 버리자. 어디든 빛과 그림자가 공존하는 법이다. 대치동에도 장점이 있는 만큼 폐해 또한 존재한다. 부모와 아이가 이 점을 명확히 인지하지 않으면 의도와 달리 대치동의 폐해만 흡수하고 이점은 누리지 못할 수 있다.

불안해하지 말고 관점을 바꾸어보라. 경제적인 여건 때문이건 다른 이유에서건, 대치동 같은 학원 밀집 지역에 보내지 못한다는 생각에 속상해하는 부모라면, 학원보다 아이 공부에 필요한 게 뭔지를 더 깊이 고민해야 한다. 그래야 입시에서 더 효과적인 성공을 거둘 수 있다.

학군지보다 가정환경이 더 중요하다

다시 학군지를 선호하는 세 가지 이유로 돌아가보자. 두 번째 이유인 '공부 환경이 조성된다'와 세 번째 이유인 '좋은 인맥을 형성할 수 있다'는 사실 같은 맥락이다. 한마디로 환경이 좋은 곳에서 아이를 키우고 싶다는 것이다.

그런데 학군지에 있는 아이들이 다 열심히 공부할 거라는 생각에는 좀 오해가 있다. 상대적인 비율의 차이는 있지만, 대치동에도 공부를 열심히 하는 애들부터 노는 애들까지 다양하게 존재한다.

반대로 지방이라고 해서 무조건 공부 안 하고 노는 아이만 있는 것도 아니다. 비록 공부를 열심히 하는 아이들의 절대적인 숫자는 많지 않을 순 있다. 그래도 끼리끼리 어울리면서 공부하게 된다. 인맥 또한 열심히 공부해서 좋은 대학에 가면 다 해결된다. 본인의 수준이 높으면 어렸을 때 그런 친구들과 사귀지 않아도 나중에 비슷한 사람들과 어울리게 된다.

공부를 열심히 하고 장차 좋은 인맥이 될 친구가 아이 곁에 있느냐 여부는 대치동이든 어디든 아이의 수준에 달렸다. 어느 지역을 가든지 최상위권부터 최하위권까지 다 있기 마련이다.

학군지에 면학 분위기가 있고 인맥을 만들기에 용이한 건 사실이지만, 단언컨대 지역의 분위기보다는 가정환경이 훨씬 중요하다. 아이가 가장 영향을 많이 받는 존재는 친구들이 아니라 부모다. 중요한 건 '어디에 사는가'가 아니라 '부모가 어떤 환경을 만들어주는가'이다.

그러므로 학군지를 고민하기 전에 가정환경부터 점검하고 바꾸는 게 바른 순서다. 부모가 조금 노력하면 어디에 살든 아이가 공부하기 좋은 환경으로 만들어줄 수 있다.

우리 어머니가 서산에서 운영하는 학원에 다니던 중학생이 있었다. 이 학생의 어머니는 아이 학업에 관심이 많아서 직접 열심히 공부했다. 거의 공부 전문가에 가까웠다. 이 어머니는 아이가 지금 어떤 상황인지에 대해서 누구보다 잘 알고 있었다. 이 동네에 과목별로 어떤 학원이 있으며 장단점은 무엇인지, 우리 아이의 성향과 잘 맞을 곳은 어디일지를 정확하게 파악하고 있었다. 그리고 매 순간 아이에게 최선의 선택을 해주었다. 시험 기간에는 어떻게 하고, 언제 어떤 학원에 가고, 인강은 어떻게 들을 것인가 등을 코칭해 주었다.

집 안에서도 공부하는 분위기를 잘 조성해 주면서 공부를 시켰다. 물론 전업주부였기에 가능한 부분도 있었겠지만, 적어도 본인은 TV나 스마트폰에서 눈을 떼지 못하면서 아이에게만 방에 들어가서 공부하라고 강요하는 부모는 아니었다. 결국 이 친구는 의대에 갔다는 소식을 들었다.

지금 생각해도 대치동에 있는 그 어떤 아이보다 그 친구가 좋은 환경에서 공부했다는 생각이 든다. 대치동에도 아이를 학원에만 보내놓고서 할 일 다 했다고 생각하는 부모가 있다. 또는 잘못된 인식으로 잘못된 판단을 해서 오히려 아이 공부에 방해가 되는 부모도 있다. 아이들은 부모의 영향을 가장 많이 받는다.

오히려 대치동에 있었다면 그냥 유명한 학원에 보내고 끝냈을 수 있다. 하지만 대치동이 아니라 다른 곳에 있기에 과연 우리 애가 공부를 잘하려면 뭐가 필요한지를 고민해 보는 기회로 삼을 수 있다. 그리고 그걸 기반으로 아이 학습을 점검한다면 오히려 공부를 더 잘하게 될 수도 있다.

우리 아이에게
공부 머리가 없는 걸까?

"저희 아이가 열심히는 하는데 실력이 안 올라요. 머리가 나쁜 걸까요?"

"공부에 소질이 없다면 빨리 다른 길을 알아보는 게 좋겠죠?"

아이에게 공부 머리가 없다며 계속 공부를 시켜야 할지, 아니면 공부가 아닌 다른 길로 진로를 돌려야 할지 고민하는 부모가 많다. 그런데 보통 그중에서 절반은 조금 과한 고민이다. 대부분의 아이가 천재는 아닐지라도 머리가 아주 나쁜 아이는 아닐 텐데 공부에 재능이 없다고 섣불리 단정 짓는 경우가 많기 때문이다.

"우리 애가 죽으라고 공부하는 동안 옆집 애는 노는데, 그 애 성적이 더 잘 나와요."

이렇게 말하는 학부모도 있다. 그러면서 옆집 애는 우리 애보다 머리가 좋아서 공부를 잘한다고 생각한다. 그런데 과연 옆집 애가 어릴 때부터 계속 놀기만 했는데 공부를 잘하는 걸까? 아마 높은 확률로 그전에 해놓은 공부 기본기가 있을 것이다. 공부는 이전부터 해온 것들이 차곡차곡 쌓여 나중에 빛을 발하는 영역이기 때문이다. 공부를 열심히, 많이 했다면 그다음 공부가 수월한 법이다. 그런데 그전에 쌓아온 것들은 고려하지 않은 채 현재의 성적만 쳐다보면서 오해하는 경우가 많다. 원래 남의 노력은 잘 보이지 않는 법이다.

예를 들어 A라는 고시에 한번 합격해 본 사람은 B라는 새로운 시험공부를 하더라도 남들보다 유리하다. 시험에 합격할 만큼 열심히 공부하면서 공부 방법에 대한 경험도 쌓였고, 공부 습관이나 태도도 길러졌으며, 노력할 수 있는 힘도 키워졌기 때문이다.

지식 수준에서도 마찬가지다. 예를 들어 영어 단어를 5000개 외운 아이가 독해 공부를 할 때와 500개밖에 모르는 아이가 독해 공부를 할 때는 당연히 효율이 다르다. 지능이 똑같아도 출발선이 달라지는 것이다. 운동할 때 열심히 체력을 길러두면 다른 운동을 할 때도 유리한 것과 같다. 그렇기 때문에 이건 단순히 타고난 재능이나 유전자로만 얻어낸 성과가 아니다. 오히려 보이지 않는 이전의 노력이 이뤄낸 결과다.

  '공부도 재능인가, 아니면 노력인가'에 관한 논쟁은 끊이지 않는다. 특히 우리는 삼형제가 다 서울대에 갔다 보니 사람들은 우리를 보고 '공부 유전자를 타고났다'고 말하곤 한다. 물론 수학적인 감각은 타고난 부분도 있다고 생각한다.

  그러나 우리에게 천재형이냐, 노력형이냐 묻는다면 고민 없이 노력형이라 답할 수 있다. 우리는 스스로 생각하기에 기억력이 그다지 좋지 못한 편이다. 책을 한 번 보면 등장인물 이름도 기억하지 못하는 경우가 많다. 그래서 좋지 않은 기억력을 반복으로 극복했다. 여러 번 봐서 어떻게든 기억하게끔 더 많이, 더 꼼꼼히 복습했다.

  성공한 사람 중에 노력하지 않는 사람은 없다는 말이 있다. 분야를 막론하고 노력하지 않고 성공한 사람은 한 번도 본 적이 없다. 앞으로도 없을 거라고 생각한다. 그래서 뭐가 더 중요한지를 굳이 따지자면 당연히 노력이라 대답할 수밖에 없다.

  실제로 우리나라 최상위 대학으로 손꼽히는 서울대에서 많은 사람을 만나본 경험상 노력형이 좀 더 많다고 느꼈다. 적당히 공부했는데도 머리가 너무 좋아서 서울대에 온 경우는 거의 보지 못했다. 결국 서울대에 온 것도 고등학교 내신이나 수능 점수를 잘 받아서 온 것 아닌가. 내신이나 수능 모두 적당한 노력만으로 결코 좋은 성적을 거둘 수는 없다. 그리고 대학교에서 학점을 따는 것도 마찬가지다. 머리가 좋은데 적당히 노력하는 학생보다, 평범한 머리를 가졌어도 노력하는 학생들이 훨씬 더 좋은 성과를 거뒀다. 이를 통해 사람들이 천재라고 생각하는 서울대생들도 대부분 노력형이라는 사실을 알게 되었다.

노력해 보지 않고 재능을 논하지 말라

'타고난 게 다'라면서 '될 사람은 된다'라고 말하는 사람들의 심리에는 자기가 노력하지 않는 걸 합리화하려는 의도가 깔려 있다.

"어차피 해도 안 되는데, 그럴 거면 그냥 안 하는 게 낫지 않아요?"

이렇게 말하는 아이들이 있다. 그런데 이런 학생들의 평소 모습을 살펴보면 대부분 제대로 노력해 본 경험이 없다. 그냥 하기 싫고 귀찮으니 변명하는 경우가 대부분이다. 이런 태도를 지니면 아무것도 할 수 없다는 것을 우리 부모님들은 잘 알 것이다. 우리는 이런 아이들을 만날 때마다 이렇게 질문한다.

"자신감이 넘치고 난 뭘 해도 잘할 수 있다고 생각하는 사람, 반면 나는 뭘 해도 안 된다고 생각하는 사람. 둘 중 누구와 가까이 지내고 싶어? 그리고 둘 중 어떤 사람의 인생을 살고 싶어?"

이 질문에 답해보면 내가 어떻게 해야 하는지가 나온다. 이루고자 하는 목표가 있다면 주목해야 할 것은 '내가 가진 역량을 어떻게 최대한 발휘할 수 있을 것인가'다. 하고자 하는 일을 이룰 수 있을지 없을지는 끝까지 노력해 보지 않고서는 결코 알 수 없다. 그럼에도 유전으로 이미 모든 게 결정되어 있다고 생각하여 지레 포기하는 것은 하기 싫은 일을 피하기 위한 핑계에 지나지 않는다.

정말 노력했는데도 원하는 성과를 거두지 못할 수도 있다. 공부를 열심히 했는데도 좋은 학교에 못 갈 수도 있다. 그렇다고 좌절할 필요는 없다. 무언가를 위해서 열심히 노력하는 태도, 내 역량 안에서 최대한 배우려고 하는 자세와 습관, 성실성이 훨씬 더 중요한 가치기 때문이다. 그런 가치를 지니면 비록 당장의 '국영수사과'와 같은 공부 분야에서는 큰 성과를 못 봤을지라도, 나중에 하고 싶은 일이 생겼을 때 꾸준히 노력하고 능력을 발휘할 수 있다.

십 대 시절, '어느 대학을 가는가'보다 '학습하는 능력을 어떻게 키우는가'가 더 중요하다. 공부했던 습관과 태도, 노하우를 초중고 때부터 갈고 닦은 아이들과 그렇지 않은 아이들이 나중에 사회에 나오면 천지 차이의 결과가 나온다. 그러니 부모부터 결과에 너무 집착하지 말고 아이가 노력하는 태도와 습관을 기르는 데 가치를 두자. 이렇게 크게 보고 여유를 가진 부모일수록, 그러한 부모 밑에서 공부하는 아이일수록 자신감을 갖게 되고 더 깊은 동기가 부여되어 결과적으로 성적도 더 좋아진다.

공부 습관이 재능을 이긴다

물론 지능이 평균 수준에도 못 미친다면 공부를 아주 잘하긴 힘들 것이다. 하지만 이는 예외적인 경우에 불과하다. 또한 많은 사람이 아이큐는 평생 바뀌지 않는다고 생각하지만, 아이큐도 바뀔 수 있다는 사실이 과학적으로 밝혀졌다.

영국 런던대학교의 캐시 프라이스 교수팀은 청소년의 아이큐가 변할 수 있다는 연구 결과를 발표했다. 이 연구팀은 2004년 12~16세 청소년 33명의 아이큐를 측정하면서 MRI로 뇌의 어떤 부분이 활성화되는지 조사했다. 그리고 4년 후 같은 아이들에게 아이큐 테스트와 MRI 검사를 진행했는데, 아이큐가 최대 20점 오르거나 떨어진 아이도 있었다. 프라이스 교수는 좀 더 분석이 필요하겠지만 교육이나 성장 차이가 원인일 것이라고 발표했다.

평범한 지능은 노력으로 극복 가능하다. 아니, 오히려 노력이 훨씬 중요하다. 대학까지의 정규 교과과정은 노력으로 충분히 커버할 수 있다. 입시 공부는 기본적으로 교육부에서 정해놓은 교과과정에 따라서 공부하는 것이다. 여기서 다루는 내용은 석박사 과정처럼 난해하지 않다. 어떤 십 대 청소년도 배우면 충분히 이해할 수 있는 수준으로 이루어져 있다.

『세이노의 가르침』이라는 책에서도 사람들이 천재를 보고 좌절감을 느끼는 게 엄청난 착각이라는 이야기가 나온다. 우리 형제도 무척 공감했다. 상위 0.1%의 천재들은 어차피 우리의 경쟁 상대가 아니며, 우리가 경쟁하는 사람들은 대부분 우리와 비슷한 재능을 가진 사람들이라는 것이다. 따라서 내가 타고난 천재가 아니라고 해서 노력하지 않는 것은 매우 어리석은 행동이다.

소위 SKY라 부르는 서울대와 연고대의 신입생 정원만 해도 1만 명이 넘는다. 게다가 SKY 외에도 수많은 명문 대학이 있다. 입시라는 건 특정 학교에 가야만 성공하는 '모 아니면 도'의 게임이 아니다. 그렇기에 내가 가진 역량에서 최선을 다함으로써 나만의 최상의 결과를 만들어내겠다는 마음가짐이야말로 우리가 지녀야 할 올바른 자세다.

더 이상 재능이나 아이큐를 탓하지 말자. 그보다 어렸을 때부터 공부 습관을 잘 만드는 게 더 중요하다. 만약 어릴 때 미처 습관을 제대로 갖추지 못했다면 늦게 시작한 만큼 더 열심히 하면 된다.

타고난 재능이 달라도 주어진 환경에서 최선을 다해 노력하는 자세를 가르쳐주는 게 어른들의 역할이다. 공부를 단순히 재능으로 구분 지어 자녀의 가능성을 제한하는 비극은 없길 바란다.

당신이 알고 있는
자기 주도 학습은 틀렸다

앞서 말했듯 우리 형제는 학원에 거의 다니지 않고도 서울대에 합격했다. 우리는 그 비결 중 하나로 스스로가 중심이 되었던 학습 과정을 꼽는다. 어떻게 하면 공부를 잘할 수 있는지, 어떤 공부 방법이 나에게 잘 맞는지를 끊임없이 스스로 고민하며 공부했기에 방향을 잃지 않고 좋은 성과를 얻을 수 있었다. 이것을 다른 말로 하면 자기 주도 학습이라 할 수 있겠다.

자기 주도 학습은 이제 교육 분야에서 흔히 통용하는 단어가 되었다. 많은 부모가 자녀들에게 자기 주도 학습 능력을 길러주기 위해 노력하지만 진정한 자기 주도 학습의 의미를 잘못 알고 있는 경우가 많다. 가장 흔한 오해는 자기 주도 학습이 곧 '자습(自習)'이라는 생각이다. 자기 주도 학습을 자습이라고 줄여서 부르기까지 한다. 그러나 이 둘은 엄연히 다르다. 자습은 말 그대로 혼자 공부하는 것을 의미하고, 자기 주도 학습은 학습 목표부터 그 계획과 실행 방법 등 전체 과정을 주도적으로 선택하고 결정하며 실행해 나가는 것을 말한다.

서울대학교 교육연구소에서 편저한 『교육학용어사전』을 찾아보면 자기 주도 학습의 정의는 다음과 같이 정리되어 있다.

'학습자 스스로가 학습에 참여 여부에서부터 목표 설정 및 교육 프로그램의 선정과 교육 평가에 이르기까지 교육의 전 과정을 자발적 의사에 따라 선택하고 결정하여 행하게 되는 학습 형태.'

조금 더 쉬운 말로 풀어보면 ① 아이가 공부하고자 하는 의지를 가지고 ② 목표를 설정하고 ③ 목표를 달성하기 위한 계획을 수립하여 ④ 끈기를 지니고 그 계획을 실천한 다음 ⑤ 잘되었는지 평가를 해본 뒤 부족한 점이 있다면 그 부분을 보완해 나가는 과정. 이 모든 걸 스스로 해나갈 수 있는 게 바로 자기 주도 학습이다. 즉 자기 주도 학습을 한다는 건 자신의 학습 상황을 분석하여 부족한 점을 개선하는 전 과정을 스스로 판단해 진행하는 것을 의미한다.

공부하는 방법에는 학원이나 과외, 인터넷 강의, 독학 등 다양한 선택지가 있다. 그중에서 무엇을 선택해야 실력이 좋아질지 스스로 결정하는 과정이 바로 진정한 의미의 자기 주도 학습이다. '수학은 혼자 공부하기 어려우니까 학원을 다니자', '영어는 인강으로 공부해야지', '국어는 학교 수업을 듣고 혼자 문제집 풀면 되겠다'와 같이 자신에게 적합한 방법을 결정한다.

이렇게 공부한 다음 시험을 보면 성적이 만족스러운 과목과 그렇지 않은 과목이 있을 것이다. 공부한 만큼 성적이 잘 나온 과목은 같은 방법으로 계속하면 되고, 그렇지 않은 과목은 기존의 방법이 틀렸다는 뜻이니 다른 방법을 찾으면서 보완해 나간다. 이러한 평가 및 보완 과정까지 스스로 판단하는 단계에 이르러야 완벽한 자기 주도 학습의 모습을 갖추었다고 볼 수 있다.

학원에서도 자기 주도 학습이 필요한 이유

어떤 학습 방법을 선택하든 가장 중요한 건, 아이가 스스로 판단해야 한다는 점이다. 자기가 현재 무엇이 부족하고 무엇이 필요한지 정확히 아는 것도 계속 공부를 해나가는 데 중요한 역량이다. 부모는 평소 아이와 긴밀히 대화하고 아이의 행동을 관찰함으로써 이러한 과정이 잘 이루어지고 있는지 늘 살펴야 한다. 자신을 잘 아는 아이와 아이를 잘 아는 부모는 학원에 와서도 "우리 아이가 지금 이런 상황이고 이런 점이 부족한데 이러이러한 공부를 지금 하는 게 맞을까요?"와 같이 구체적인 상담을 한다.

흔히들 학원에 다니거나 과외 수업을 받으면 자기 주도 학습이 아니라고 생각한다. 자기 주도 학습을 사교육과 반대되는 개념으로 생각하는 것이다. 하지만 이는 오해다. 목표를 달성하기 위해 학원이나 과외의 도움이 필요하다고 스스로 판단해서 진행하고 있다면 그것도 자기 주도 학습 과정이다.

어떤 부모는 아이가 학원에 다니니 자기 주도 학습은 중요하지 않으며 그냥 학원에 맡기면 된다고 착각하기도 한다. 그런데 이는 아주 위험한 발상이다. 학원을 다니더라도 자기 주도 학습 능력은 매우 중요하다. 그 능력이 있어야만 나에게 부족한 점이 무엇이고 그것을 채우기 위해 학원에서 어떤 도움을 받아야 하는지를 판단할 수 있기 때문이다.

학원을 다닐지 말지를 판단하는 것뿐 아니라 학원에서도 자기 주도적으로 학습해야 학원을 제대로 활용할 수 있다. 학원은 학생 개개인의 부족한 점이 무엇인지 열심히 고민하고 채워주기 위해 노력하지만, 학생 본인이나 부모가 느끼는 것만큼 자세하게 파악하기는 쉽지 않다. 그러면 학생은 자신의 수준이나 성향에 맞지 않는 수업을 들으며 성적도 오르지 않은 채 시간만 보내게 된다. 하지만 자기 주도 학습 능력을 지닌 학생이라면 필요한 수업 내용 위주로 효율적인 학습을 할 수 있으며, 때로는 자기에게 필요한 부분을 학원에 분명히 요구할 수도 있다.

그저 친구를 따라 유명하다는 학원에 간다면, 그리고 나에게 필요하고 잘 맞는 학습이 아닌데도 학원에서 시키는 공부를 생각 없이 따른다면 원하는 결과를 얻을 수 없다. 아이 스스로 자기에게 필요한 학원을 골라야 한다. 그리고 이 학원을 고른 이유를 명확하게 알고 수업을 들어야 한다. 그래야만 필요한 부분을 쏙쏙 받아먹을 수 있다는 점을 늘 명심하자.

처음부터 스스로
잘하는 아이는 없다

　우리가 초등학교 2학년이 되었을 무렵이다. 당시에는 초등학교에서도 중간고사와 기말고사 시험을 봤는데, 곧 중간고사를 본다는 소식을 들었다. 학교에 다니면서 처음 맞이하는 시험이었다. 시험을 본다는 이야기를 처음 들었을 때는 단순히 '학기 중간에 평가를 받는 거구나'라고만 생각했다. 시험에 대비해서 공부를 따로 해야 한다는 생각은 하지 못했다. 그런데 시험을 이틀 앞둔 날, 어머니가 우리를 불러 앉혔다.

　"이틀 뒤에 중간고사를 보던데, 시험공부는 좀 했니?"

당연히 안 했다고 대답했다. 그랬더니 어머니는 '지금까지 학교에서 배운 내용을 착실히 복습한 다음에 시험을 봐야 하는 것'이라고 알려주셨다. 이를 통해 우리는 시험 전에 미리 공부해야 한다는 점을 깨닫게 되어 그동안 수업 시간에 배운 내용을 쭉 한번 살펴보고 시험을 보러 갔다. 공부한 만큼 결과도 잘 나와서 기분 좋게 마무리할 수 있었던 인생 첫 중간고사였다. 그때부터 시험 전에는 배운 것을 복습해야 한다는 개념이 머릿속에 박히게 되었다.

그 후 중학교에 올라가서 처음으로 내신 시험을 앞둔 때였다. 시험 4주 전쯤 어머니가 우리를 불러 책상 앞에 앉히고 시험공부의 계획을 세웠는지 물어보셨다.

"시험이 4주 남았으니 앞으로 한 주마다 무슨 공부를 할지 같이 적어보자."

어머니는 우리에게 과목별로 공부해야 할 자료는 뭐가 있는지 쭉 먼저 적어본 다음 그것들을 언제 공부할지 써보게 했다. 과목별로 교과서와 프린트물, 문제집 등 살펴봐야 할 학습 자료들을 모두 기록한 다음 각각 언제 얼마나 공부할지 시험공부 계획을 고민했다. 그러면서 '시험공부를 할 때는 계획을 짜고 공부해야 한다'라는 공부 습관을 익혔다. 그 이후로 시험공부를 할 때마다 자연스레 스스로 계획을 먼저 세워 시험에 착실히 대비할 수 있었다. 지금 생각해 보면 어머니가 우리의 나이에 맞게 기본적인 공부법을 하나씩 알려주신 덕분에 가능한 일이었다.

공부하는 방법은 배움으로 터득한다

아이의 학습에 지나치게 관심을 두고 전체를 통제하려는 부모가 있는가 하면, '공부는 아이가 할 일이고 부모가 대신해 줄 수 있는 것도 아니니 스스로 알아서 해야지'라며 아이에게 모든 걸 맡기는 부모도 있다. 언뜻 보면 옳은 말 같지만, 부모나 선생님의 아무런 가르침 없이도 아이들이 스스로 공부하는 방법을 완벽히 터득해서 학습을 잘하게 될 수는 없다.

스스로 공부하고자 하는 마음을 갖고 목표를 수립하여 목표를 달성하는 방법을 탐색하고, 방법을 결정해서 실행한 다음 평가하고 보완하는 것. 이런 어려운 과정을 어린아이가 스스로 터득해서 실천하기를 바라는 것은 마치 우물이 어디인지는 전혀 알려주지도 않고 알아서 찾아가서 물을 마시라는 것과 같다.

처음부터 무엇이 옳은지 알고, 스스로 방법을 깨우쳐서 잘하는 아이는 거의 없다. 어른들 입장에서는 당연한 것도 아이들 입장에서는 당연하지 않을 수도 있다. 시험 전에는 당연히 공부해야 할 것 같지만 시험을 처음 보는 아이들은 모른다. 시험에 대비하는 방법은 학교에서도 알려주지 않는다. 학원에서도 공부만 시키지 시험 대비 전략이나 계획 세우는 법에 대해서 제대로 알려주는 경우는 거의 없다.

자전거를 처음 배울 때를 기억하는가? 처음부터 두발자전거를 균형 잡으면서 타는 아이는 없다. 난생처음 자전거를 타면 누구나 중심을 잃고 흔들린다. 그래서 뒤에서 누군가가 넘어지지 않게 잡아줘야 한다. 그런 도움을 받으면서 아이는 감을 잡아간다. 이런 과정을 반드시 거쳐야만 스스로 자전거를 탈 수 있게 된다.

공부도 이와 마찬가지다. 처음에는 선생님이나 부모 또는 공부를 잘하는 주위의 친구들이 방법을 알려주고 도와줘야 한다. 그리고 차근차근 이를 따라 실천해 보면서 조금씩 익숙해진 다음 점차 스스로 할 수 있도록 만드는 과정이 필요하다. 공부할 때 갖춰야 할 가장 기본적인 습관들, 특히 아이가 시기별로 꼭 깨닫고 체득해야 하는 것들은 반드시 부모의 지도가 있어야 한다.

초등학교 저학년 때는 특히 부모의 역할이 크다. 부모가 100퍼센트 개입해서 공부할 내용을 가르쳐주거나 공부 습관을 잡아줘야 한다. 초등 고학년은 초등 저학년과 중등 사이의 과도기라서 아이마다 상황이 다를 수 있다. 아직 공부 습관이 덜 잡힌 아이는 저학년 때처럼 하나하나 다 봐줘야 할 수도 있지만, 스스로 잘하는 아이는 관리만 해줘도 된다. 그러나 고학년이 되면 부모의 개입을 점점 줄이면서 아이가 스스로 공부하도록 독려하고 공부 습관을 탄탄하게 다져야 한다.

아이가 중학생이 되면 이때부터 부모는 관리자 역할로 전환해야 한다. 공부 내용을 하나하나 봐주지 말고 한발 물러서서 잘하고 있는지 중간중간 점검만 해주는 것이다. 한 달에 한 번, 최소한 3개월에 한 번 정도 점검하는 게 좋다.

이 시기에는 아직 공부 습관이나 방식이 완성되지 않은 경우가 많기 때문에 부모의 도움이 분명 필요하다. 시험공부 계획을 함께 세우거나, 어떤 학원에 가는 게 좋을지를 의논하는 감독 같은 역할을 부모가 해줘야 한다.

예를 들면 부모는 시험을 보는 전 과목을 모두 빠짐없이 충분히 공부하는 게 당연하다고 생각한다. 그러나 대부분의 학생은 자기가 좋아하고 잘하는 과목에 시간을 많이 쏟는다. 정작 자기가 못하는 과목은 대충 공부하고 넘긴다. 본인이 잘하는 과목은 잘하니까 재미있고, 재미있으니까 많이 하게 되는 것이다. 그래서 그런 과목들은 더 잘하게 되는 선순환 구조가 일어난다. 반면 성적이 잘 안 나오는 과목은 못하니까 싫어하고, 재미가 없으니까 더 안 하게 되고, 안 하니까 더 못하게 되는 악순환이 일어난다. 그러니 과목별로 공부량이 치우치거나 편차가 벌어지고 있지는 않은지 부모가 체크해 주면 좋다.

학습 자료를 구분하는 방법에 관해서도 부모의 지도가 필요하다. 학교나 학원에서 받게 되는 다양한 수업 자료는 중요도에 따라 필수 자료와 추가 자료로 구분되는데, 학생들은 살펴볼 자료가 많으니 어느 것을 중점적으로 공부해야 하는지 몰라 혼란스러워한다.

필수 자료는 학교에서 활용하는 학습 자료들로, 교과서와 수업 프린트물, 노트 필기가 해당한다. 학교 수업에 부교재를 사용한다면 부교재도 필수 자료에 포함된다. 반면 필수 자료가 아닌 추가 자료는 자습서, 평가 문제집, 내신 기출 문제 등이다. 시험공부를 할 때 기본은 단연 교과서다. 교과서를 공부할 때는 자습서와 함께 살펴본다. 그다음은 학교 프린트, 마지막으로 평가 문제집을 공부하는 순서로 이루어져야 한다. 그리고 시험 2~3주 전부터 기출 문제를 풀면 시험을 완벽하게 대비할 수 있다. 교과서나 학교에서 받은 자료는 보지 않고 학원에서 준 부차적인 자료만 공부하는 아이도 많으니 이런 부분도 빼놓지 않고 봐야 한다.

특히 아이가 고등학생이 되면 부모는 관리자에서 서포터가 되어야 한다. 고등학생쯤 되면 웬만한 부모보다 아이가 공부에 관해서는 더 잘 아는 경우가 많다. 게다가 입시를 앞두고 한창 예민할 시기이므로 지나친 간섭은 역효과를 부른다. 따라서 부모가 개입을 최소화하고, 아이가 독립적으로 공부하는 과정을 지켜보며 격려해 줘야 한다.

이러한 과정들을 통해 부모는 아이가 학습하는 법을 터득하여 결국에는 학습의 모든 과정을 스스로 해나갈 수 있는 '공부 독립'을 할 수 있도록 만들어줘야 한다. 처음부터 스스로 잘하는 아이는 없다. 아이들이 반드시 알아야 할 것들을 알려주고 시기별로 필요한 공부 습관을 만들어주는 것이 부모의 역할이다. 이러한 역할을 해줄 수 있는 건 부모밖에 없다는 사실을 명심하자.

★ ★ ★ ★ ★

2부

진단

성공적인 학습은
아이를 파악하는 것에서
시작합니다

병원에 가면 가장 먼저 하는 것은 '진단'이다. 올바른 진단이 있어야 올바른 처방과 치료를 할 수 있다. 공부도 마찬가지다. 아이의 상태를 정확히 알아야, 아이에게 가장 효과가 큰 공부 방법이 무엇인지 판단할 수 있다. 그런데 많은 부모가 진단은 소홀히 하고 처방에만 관심을 둔 채 아이에게 잘못된 처방을 내리고 있다. 자기에게 맞지 않은 처방에 따라 공부하는 아이는 아무리 열심히 노력해도 실력이 제자리걸음일 뿐이다. 성공적인 학습은 우리 아이를 제대로 파악하는 것에서부터 시작한다.

'아이 공부'에 대한 관심 이전에 '아이'에 대한 관심부터

"우리 엄마는 제 성적에만 관심이 있고, 저한테는 별로 관심이 없어요."

우리 학원에 다녔던 한 학생에게서 실제 들은 말이다. 그 학생의 가족은 부모님부터 형제, 친척들까지 전반적으로 모두 공부를 잘했던 편이라고 했다. 그러니 어머니께서는 이 학생도 공부를 당연히 잘해야만 한다고 생각하고 계셨다. 그런데 이 학생은 공부하는 과정이 전혀 즐겁지 않았다. 자신의 미래와 공부는 상관없는 일이라 여기고 있었다.

아이에게 나중에 어떤 일을 하고 싶은지 물었더니 가수가 되고 싶다고 했다. 어머니도 그 사실을 알고 있으시냐고 했더니 어머니께 이 말을 하면 무조건 혼날 거라 얘기할 수 없다고 했다. 게다가 집에서는 부모님과 대화를 거의 하지 않는다고 했다.

학생의 이야기가 너무 안타까웠다. 아이의 가수라는 꿈이 얼마나 진심이고 진지한지와 무관하게, 아이가 꿈꾸는 미래의 모습이 무엇이고 이를 이루기 위해 학창 시절에 어떤 공부와 준비가 필요한지를 부모님과 상의할 수 없는 상황이라는 사실이 답답했다. 이런 관계는 아이에게 큰 상처를 줄 뿐 아니라 인생에서도 큰 불이익으로 작용할 것이다.

부모가 아이를 열심히 공부시키려 하는 이유는 그래야 미래에 아이가 더 큰 행복을 얻을 수 있을 것이라는 믿음 때문이다. 하지만 진정 공부를 통해 아이의 행복을 키워주고 싶다면 가장 먼저 해야 할 일은, 아이가 스스로 어떤 미래를 그리고 있는지에 대해 충분한 대화를 나누는 것이다. 아이는 부모와 자신의 미래에 관해 이야기하면서 자신이 어떤 삶을 원하는지, 그리고 공부가 자신의 삶에 어떤 의미를 지니는지를 스스로 생각해 보게 된다.

'숙제를 잘하고 있나?', '진도는 어디까지 나갔나?'를 궁금해할 것이 아니라 '아이가 좋아하는 게 무엇이지?', '나중에 커서 무슨 일을 하고 싶어 하지?'와 같이 아이 자체에 관심을 두고 궁금해해야 한다.

아이가 무엇을 하고 싶어 하는지, 어떤 성향을 지녔고 무엇을 할 때 행복해하는지 등에 관해 관심을 두고 대화할 때 아이는 동기를 부여받는다.

이렇듯 아이의 성향과 상황을 정확하게 파악하는 것이야말로 바로 아이에 대한 올바른 관심이다. 아이가 자신에 대한 부모의 진정어린 사랑과 관심을 느껴야 비로소 그때부터 진솔한 대화가 시작되어 모든 실마리를 풀어나갈 수 있다.

진단을 위해서는
부모도 공부가 필요하다

'돌팔이 의사'라는 말이 있다. 제대로 된 실력을 갖추지 않고 환자에게 잘못된 진단과 처방을 내리는 의사를 일컫는 말이다. 어느 누구도 돌팔이 의사에게 치료받고 싶지는 않을 것이다. 공부도 똑같다. 정확한 진단을 통해 적절한 처방과 치료가 이루어져야 한다. 부모님들은 이러한 역할을 학원에서 해주리라 기대한다. 그런데 학원은 대부분 단과로 운영되기 때문에 다른 과목까지 두루 살펴본 뒤 종합 처방을 내려주기 어렵다는 한계가 있다. 또한 학원마다 전문 분야가 다르기에 학원에서 잘못된 처방을 내리는 경우도 부지기수다.

따라서 아이를 진단하는 가장 안전하고 확실한 방법은 부모가 공부 전문가가 되는 것이다. 부모만큼 내 아이에게 큰 관심을 갖고 많은 시간을 쏟으며 종합적인 진단과 처방을 할 수 있는 사람을 찾기란 쉽지 않다. 전문 학습 컨설턴트들이 그런 역할을 일부 대신해 줄 수는 있지만, 그들도 짧은 시간에 제한된 정보를 통해서 아이를 판단할 뿐이다. 그들에게 전적으로 의존하는 것은 위험하다. 전문 컨설턴트들의 의견과 판단은 참고하는 정도로만 활용하는 것이 바람직하다.

그렇다면 부모는 과연 어느 정도로 공부에 대해 알고 챙겨야 할까? 직접 아이에게 가르쳐주는 수준까지 교과 지식을 쌓아야 하는 것은 절대 아니다. 그것은 현실적으로 불가능한 일이다. 다만 과목별로 어떤 방식과 순서로 공부해야 실력을 효율적으로 쌓을 수 있는지에 대해서는 잘 알고 있어야 한다. 또한 공부 전반에 있어 중요한 원칙과 방법들에 대해서도 알아야 수많은 사교육의 유혹에도 중심을 잘 잡을 수 있다. 이 밖에 아이가 공부에 대한 긍정적인 정서를 형성하는 데 영향을 미치는 요소들이 무엇인지 아는 것도 무척 중요하다.

부모가 알아야 할 것이 많아 보여 이것들을 모두 어떻게 배워야 할지 막막할 수도 있다. 그러나 걱정하지 않아도 된다. 앞으로 이 책에서 소개하는 진단 체크리스트와 세부 공부 전략들을 잘 숙지한다면 방황하지 않고 부족함 없이 아이들을 지도할 수 있다. '동기부여, 전략 및 공부법, 의지 관리, 부모-자녀 관계'로 구분되는 총 4가지 진단 항목을 살펴보며 현재 아이의 학습을 진단해 보자.

공부에 대한 관심·목표·희망이 있는가?

공부를 잘하기 위해 가장 중요한 요소를 하나 꼽으라고 하면, 그것은 바로 '마음가짐'이다. 아무리 좋은 선생님과 교재가 있어도 공부하고자 하는 마음이 없으면 무용지물이다. 반대로 아무리 환경이 열악해도 공부에 대한 열정이 있으면 어떻게든 그것을 극복하게 된다.

따라서 가장 먼저 진단해야 할 부분은 아이의 마음가짐과 관련된 사항이다. 아이가 공부를 열심히 하고자 하는 마음을 지니고 있는가? 이 질문에 대해서는 쉽게 답변할 수 있을 것이다. 그런데 아이가 열심히 하고자 하는 마음이 충분하지 않아 보인다면, 왜 그런 것인지 원인을 분석하고 해결책을 찾기 위해서 훨씬 더 구체적인 진단이 필요하게 된다.

공부하고자 하는 마음이 생기기 위해서는 다음 세 가지가 충족되어야 한다.

① 공부에 대한 필요성을 느낀다.
② 공부로 이루고 싶은 목표가 있다.
③ 공부를 잘할 수 있다는 희망이 있다.

각 요소와 관련하여 구체적으로 상황을 점검할 수 있는 체크리스트를 살펴보자. 체크리스트의 항목 하나하나를 보며 우리 아이는 어떤 상황인지 평가해 보고, 부족한 부분이 있다면 보충해 나가야 한다. 처방과 관련된 자세한 내용은 이 책의 3부에서 소개하고 있으니 잘 활용하길 바란다.

구분	항목	예	아니오
관심 및 필요성	공부를 잘하고 싶은 마음이 있는가?		
	공부해야 하는 이유를 말할 수 있는가?		
목표	장래희망이 있는가?		
	목표하는 성적 또는 학교가 있는가?		
	주 단위, 일 단위로 학습 목표를 세우고 있는가?		
희망 및 자신감	목표를 달성할 수 있는 방법을 알고 있는가?		
	노력하면 공부를 잘하게 된다는 믿음이 있는가?		
	부모가 아이에게 잘할 수 있다고 무한한 신뢰를 보여주고 있는가?		
	학습적인 성취를 통해 기쁨을 느껴본 경험이 있는가?		

성공하는 방식으로 공부하고 있는가?

어떻게 하면 학습 성과를 높일 수 있을까? 공부 잘하는 법을 공식으로 나타낸다면 다음과 같다.

$$\text{학습 성과} = \text{학습 시간(노력)} \times \text{학습 효율(공부법)}$$

학습 성과는 공부에 들인 시간, 노력과 함께 학습 효율을 높이는 올바른 공부법이 동반되어야 최대의 결과가 나온다는 뜻이다. 기본적으로 공부에 시간을 들여 열심히 노력하는 자세가 필요하다. 그리고 같은 시간을 공부해도 훨씬 높은 성과를 내고 싶다면 효율적인 공부법과 전략도 필요하다. 책상 앞에 앉아 열심히 공부하는 것 같은데 성적이 잘 오르지 않는다면 공부 방법이 잘못되었을 확률이 높으니 점검해 봐야 한다.

가장 효율적인 공부는 자신에게 최적화된 방식으로 공부하는 것이다. 동네 1등 학원에 가면 바로 성적이 오르고 공부 고민이 해결될까? 옆집 전교 1등 친구의 커리큘럼을 그대로 따라가면 공부를 잘하게 될까? 그렇지 않다. 어떤 방법과 수단으로 공부하는 것이 자신에게 잘 맞는지, 과목별로 지금 당장 나에게 필요한 것은 무엇인지를 판단하고 이에 맞는 공부법을 따라야 한다.

더 나아가서 공부에 통하는 중요한 원칙들을 알고 지켜나가는 것이 중요하다. 주요 과목인 국영수를 공부하는 데 필요한 방법론들을 잘 배워 실천해야 한다. 시험은 어떻게 대비해야 하는지, 방학 때는 어떻게 공부 계획을 세워야 성적을 높일 수 있는지도 알아야 한다.

똑같은 시간을 공부해도 더 높은 효과를 낼 수 있는 효율적인 공부법을 잘 실천하고 있는지 다음 체크리스트를 통해 점검해 보고, 부족한 점이 있다면 이 책의 4부를 통해 보완하도록 하자.

구분	항목	예	아니오
학습 수단 선택	스스로 할 수 있는 과목과 도움이 필요한 과목을 구분할 수 있는가?		
	사교육별(학원, 과외, 인강)로 어떠한 도움을 받을 수 있고 어떠한 한계가 있는지 알고 있는가?		
	배우는 시간 이상으로 스스로 익히는 데 시간을 쓰고 있는가?		
	사교육 기관에 전적으로 의존하지 않고 나에게 필요한 부분을 요구할 수 있거나, 사교육 기관에서 해주지 못하는 부분에 대한 대비 방안을 가지고 있는가?		
수학 공부법	개념서-유형서-심화서 순서대로 빠짐없이 학습하고 있는가?		
	앞 과정의 심화 학습이 충분히 이루어진 상황에서 선행 학습을 진행하고 있는가?		
	배우는 모든 내용에 대해 '왜?'라고 질문한 뒤, 답할 수 없다면 명확하게 이해하고 넘어가려 하는가?		
	문제를 풀다 막혔을 때 쉽게 포기하지 않고 끝까지 도전하는 자세를 지녔는가?		
	맞힌 문제도 더 나은 풀이가 있는지 확인하고 넘어가는가?		
영어 공부법	학년별 수준에 맞는 단어장 한 권을 확실하게 외우고 있는가?		
	어원에 대한 설명이 담긴 단어장 한 권을 확실하게 외우고 있는가?		
	문장 구조를 분석하는 방법을 알고 있는가?		

구분	항목	예	아니오
영어 공부법	이해되지 않는 문장이 있을 때 문장 구조 분석을 통해 공부하고 있는가?		
	시험 시간 내에 모든 문제를 풀 수 있는가?		
	읽는 속도가 느리다면 이를 개선하기 위한 다독(하루 10문단 이상)을 진행하고 있는가?		
국어 공부법 (초등)	독서를 할 때 아이가 스스로 읽을 책을 고르는가?		
	일기. 독후감 등 어떤 형태로든 주기적인 글쓰기를 하고 있는가?		
	한자어를 기반으로 어휘 공부를 하고 있는가?		
국어 공부법 (예비 고1)	고등학교 국어 모의고사를 5회 이상 풀어보았는가?		
	고등학교 고전문학 교재를 한 권 이상 공부하였는가?		
국어 공부법 (고등)	정시 전형으로 대학을 갈 생각이라도 내신 국어 공부를 챙기고 있는가?		
	문제를 풀면서 헷갈리는 선택지에 체크 표시를 하고. 헷갈렸던 선택지에 대해 하나씩 분석하고 넘어가는가?		
	모르는 단어를 정리한 나만의 어휘장이 있는가?		
	자기 학년 모의고사에서 70점 미만인 경우. 아래 학년의 모의고사를 공부하고 있는가?		

구분	항목	예	아니오
내신 대비법	학교 선생님이 출제자란 사실을 인지하고 학교 수업을 열심히 듣고 있는가?		
	지난 시험지를 분석하여 시험이 어떻게 출제되는지 파악해 보았는가?		
	시험 대비를 위한 필수 학습 자료와 부가 자료를 구분할 수 있는가?		
	시험 대비 학습 계획을 스스로 할 수 있는가?		
	시험 대비 계획에 반복 학습 계획도 포함되어 있는가?		
	해야 할 공부를 모두 완료하기 위해 충분한 시험공부 기간을 두고 있는가?		
	틀렸던 문제를 완벽하게 재학습하였는가?		
방학 활용법	취약 과목 극복을 위해 선택과 집중을 하고 있는가?		
	내신 대비를 위해 미리 할 수 있는 것들을 학습하고 있는가?		

의지를 체계적으로 관리하고 있는가?

성적을 높이는 효과적인 전략을 짰다면 그다음으로 중요한 것은 그 전략을 제대로 실천하는 것이다. 계획과 세팅이 아무리 그럴듯해 보여도 정작 아이가 성실히 실천하지 않으면 아무런 의미가 없다. 아이가 공부에 지치지 않고 꾸준히 의지를 갖는 자세가 중요하다.

그런데 아이들을 공부시켜 본 부모님이라면 잘 알 것이다. 옆에서 아무리 열심히 하라고 해도 아이들이 곧이곧대로 따라오는가? 그렇게 하기란 쉽지 않다. 노력은 단순히 마음을 먹는다고 해서 쭉쭉 이어지는 것이 아니다. 다이어트, 독서, 금연 등 신년 계획을 스스로 멋지게 세운 성인들도 그 계획을 지키는 것이 쉽지 않다. 하물며 아이들에게 하라고 정해준 공부를 열심히 해나가는 것이 어려운 건 당연하다.

따라서 아이가 공부를 열심히 해야겠다는 의지를 계속 유지하면서 공부하게 하려면 선생님과 부모님의 도움이 반드시 필요하다. 이때 더욱 효과적으로 도움을 줄 수 있는 노하우가 있다. 아이가 실력을 높이기 위해 꾸준히 노력하도록 도움을 주려면 크게 세 가지 요소가 중요하다.

① 공부의 습관화
② 몰입할 수 있는 환경
③ 지속적인 피드백

각 요소와 관련된 체크리스트를 통해 현재 아이의 의지를 체계적으로 관리하고 있는지 살펴보고, 부족한 점이 있다면 이 책의 5부를 참고하여 아이에게 도움을 주도록 하자.

구분	항목	예	아니오
공부의 습관화	해야 할 공부를 먼저 끝내고 쉬는 시간을 보내는가?		
	규칙적인 학습 시간이나 루틴을 정해놓고 공부하는가?		
	정해진 규칙이나 약속을 잘 지키는가?		
	부모는 아이에게 한 약속을 잘 지키는가?		
공부 환경	아이 주위에 공부를 열심히 하는 사람이 있는가?		
	부모가 독서나 일을 열심히 하는 모습을 보여주고 있는가?		
	집에서 공부할 때 개방된 공간에서 하는가?		
	아이가 공부할 때 부모가 방해 요인이 되고 있지는 않은가?		
	공부하는 시간과 자는 시간에 아이가 스마트폰을 가지고 있는가?		
	아이가 눈속임하면서(베끼기 등) 공부할 가능성을 원천 차단하고 있는가?		
피드백	부모가 아이의 학습 진행 상황을 잘 알고 있는가?		
	아이가 열심히 공부할 때 즉각 칭찬해 주고 있는가?		
	아이가 나태해질 때 열심히 해보자고 격려하고 있는가?		
	너무 사사건건 피드백하여 아이가 스트레스를 받고 있지는 않은가?		

부모와의 관계가 안정적인가?

"엄마가 말하면 안 들어요."

부모님들 입에서 단골로 나오는 멘트다. 맞다. 기본적으로 모든 아이는 부모님을 남보다 편하다고 느끼기 때문에 부모가 하는 말을 진지하게 듣지 않는 경향이 있다. 또한 아이의 성장 과정 내내 부모가 삶의 모든 영역을 가르치다 보니 '부모님은 나에게 항상 잔소리하는 존재'라고 생각하는 경향도 있다.

그러나 부모와 자녀의 관계에 따라 부모가 하는 말의 무게가 달라진다. 단순히 무겁고 엄격한 부모가 되어야 말에 무게가 생기는 것이 아니다. 아이들은 부모가 자신을 전폭적으로 지지하고 사랑해 주지만, 지켜야 하는 원칙은 지키길 단호하게 요구한다고 인식할 때 부모의 말을 가장 잘 따르게 된다.

공부를 잘하는 학생들을 보면 대부분 부모님과의 관계가 좋다. 부모를 신뢰하기 때문에 힘든 일이 있을 때 솔직하게 이야기하며 도움을 청한다. 부모가 이야기하는 것들을 건성으로 듣고 흘리지 않는다. 안정적인 관계를 기반으로 팀워크를 발휘하여 학업 생활을 함께 헤쳐나가게 되는 것이다.

이처럼 부모와 자녀 사이의 안정적인 관계를 만들기 위해 점검해야 할 체크리스트를 확인해 보자. 만약 부족한 점이 있다면 이 책의 6부를 참고하여 보완하도록 하자.

구분	항목	예	아니오
대화	아이가 부모와의 대화를 좋아하는가?		
	아이가 부모가 물어보는 것에 대답을 잘하는가?		
	아이의 이야기를 귀 기울여 들어주고 있는가?		
	아이와 생각이 다를 때 부모의 주장을 충분한 설명 없이 강요하고 있지는 않은가?		
	다른 아이(또는 형제)와 비교하는 말을 하고 있지는 않은가?		
사랑	아이는 부모가 자신을 진정으로 사랑한다고 느끼는가?		
	아이가 힘들 때 부모에게 고민을 털어놓는가?		
	아이에게 충분한 정성을 다하고 있다고 생각하는가?		
존중	아이는 공부를 부모가 시켜서 억지로 하는 것이라고 생각하진 않는가?		
	성적을 두고 나무란 적은 없는가?		
	아이가 불만족스러운 성적을 받았을 때 격려해 주는가?		
	아이 능력에 대해 부정적으로 이야기한 적은 없는가?		
	아이에게 잘할 수 있다는 믿음을 보여주는가?		
요구	아이가 일상에서 지켜야 할 규칙이나 원칙이 있는가?		
	수립된 규칙이나 원칙을 반드시 지키게 하고 있는가?		
	아이가 잘못한 일을 했을 때 벌을 주는가?		
	아이에게 더 잘할 수 있는 방법을 알려주는가?		

★ ★ ★ ★ ★

3부

동기부여

공부하고 싶어 하는 아이,
만들 수 있습니다

말을 물가에 데려갈 수는 있어도 억지로 물을 마시게 할 수는 없다. 마찬가지로 아이에게 좋은 학원, 선생님, 교재, 공부법을 제공해 줄 수는 있어도 결국 아이 자신이 주체가 되어 그것들을 활용하여 공부를 해나가야 한다. 아이가 공부하고자 하는 마음이 없으면 백약도 무효하다. 어떤 전략과 방법으로 공부를 지도할지 고민하기에 앞서, 어떻게 공부하는 마음을 지니게 도와줄 수 있는지를 먼저 고민해야 한다.

우리 아이는
왜 마음을 잡지 못할까

"우리 애는 공부를 너무 안 해요."

이건 시대를 가리지 않는 부모들의 단골 걱정일 것이다.

"아이가 영 공부할 마음을 잡지 못하네요. 아이랑 얘기 좀 나눠봐 주실 수 있을까요?"

우리도 간혹 학부모에게 이런 부탁을 받곤 한다. 기본적인 공부 조차 하지 않는 아이들은 부모에게도 큰 걱정거리고, 학원에서도 고민의 대상이다. 유튜브에서 공부 자극 동영상을 봐도, 시험을 망쳐서 충격을 받아도 그때뿐이다. 부모님도 선생님들도 '어떻게 해야 이 아이를 공부하도록 만들 수 있을까?'를 머리를 싸매고 고민하지만 쉽지 않은 문제다.

'공부를 열심히 하는 아이로 키우려면 무엇이 가장 중요할까?'
'어떻게 하면 아이들이 공부를 잘하도록 도와줄 수 있을까?'

이는 우리가 학원을 운영하면서 늘 고민하는 주제다. 우리가 학원을 운영하고 아이들을 가르치면서 무엇보다 바라는 바는, 우리 학원을 찾은 아이들이 원하는 만큼의 성과를 내고 동기부여 받는 것이기 때문이다.

아이들의 공부 성과를 높일 다양한 방법을 궁리하고 적용해 보면서 한 가지를 분명하게 깨달았다. 공부 의욕을 높이려면 외부에서의 여러 학습 장치도 필요하지만, 결국 아이 스스로 공부해야겠다는 강한 동기를 지녀야 한다는 점이다.

동기가 강하면 최고의 학원이나 다른 수단이 없어도 공부를 잘할 수 있다. 그러나 아무리 좋은 교수법이나 교재를 활용하더라도 기본적으로 아이들의 내면에서 동기부여가 되지 않으면 소용이 없다. 부모가 암만 지원을 잘해주고 좋은 전략을 세워서 아이를 꽃길로 안내하려고 해도, 아이가 스스로 그 길로 가려는 마음을 갖지 않으면 모두 헛된 일이다. 따라서 아이에게 동기부여를 해주는 일이 가장 기본이 되어야 한다.

우리도 아이들의 공부 의욕을 끌어올리기 위해 여러 시도를 하며 시행착오를 겪었다. 그 과정을 통해 동기부여를 위한 세 가지 필수 요소를 알게 되었다.

1. 공부를 잘하고 싶어 하는 마음이 있거나 공부의 필요성을 느끼고 있어야 한다.
2. 공부로 달성하고자 하는 목표가 있어야 한다.
3. 노력하면 공부를 잘할 수 있다는 희망이 있어야 한다.

이 세 가지 중 하나라도 결여되어 있으면 공부하고자 하는 마음이 커지기 어렵다. 반대로 이것들이 결여되어 있더라도, 지금부터 부족한 것들을 하나씩 채워나가면 공부하고자 하는 마음이 가득 찬 아이가 되게끔 도와줄 수 있다.

시켜서 하는 공부 vs. 하고 싶어서 하는 공부

공부 잘하는 학생들의 특징을 살펴보면 모두 본인이 공부를 잘하고 싶다는 생각을 지녔다는 공통점이 있다. 공부에 대한 거부감이 없으며, 시험을 보면 높은 성적을 받고 싶어 하고 잘할 수 있다는 자신감이 있다.

이게 바로 '공부 정서'다. 공부 정서란 말 그대로 공부에 대한 감정으로, 학습을 대하는 마음가짐이나 태도, 심리 상태를 뜻한다. 공부를 마냥 어려운 것이라 생각하고 공부하기를 싫어하는 등 부정적인 공부 정서를 지니고 있다면 공부를 잘하고 싶은 긍정적인 정서로 바꿔주어야 한다. 공부에 대한 마음이 긍정적이어야 동기가 생기고 자기 조절력을 갖게 되어 학창 시절 내내 지치지 않고 공부할 수 있다.

아이에게 긍정적인 공부 정서를 만들어주고 싶은 부모가 가장 주의해야 할 태도는 아이의 성적을 두고 비난하는 것이다. "왜 시험을 이렇게밖에 못 봤니?", "이런 성적으로 나중에 어느 대학을 가겠어?"와 같이 아이의 공부 결과에 관해 부모님이 나무라는 경우가 많다. 이러한 태도는 아이가 공부를 잘하려는 열의를 갖는 데 전혀 도움이 되지 않으며, 오히려 의욕을 떨어뜨린다는 점을 명심하자.

학원에서 학생들을 상담하다 보면 자신은 전혀 공부를 잘하고 싶은 마음이 없는데 '엄마가 시키니까' 공부한다고 말하는 아이가 많다. 공부는 자신이 미래에 더 나은 삶을 살기 위해, 자신을 위해 해야 하는 것이 기본이다. 그런데 정작 본인은 왜 해야 하는지도 모르겠는 공부를 엄마 때문에 억지로 한다는 것이다. 이러한 현상이 발생하는 원인 중 하나가 바로 성적이나 진도와 같은 공부의 결과에 대한 부모님의 부정적인 피드백이다.

원래 하고 싶었던 일도 남이 시키면 괜히 하기 싫어지는 경우가 있다. 시험을 봤을 때 만족스러운 성적이 나오면 기뻐하지 않을 아이는 아무도 없다. 그런데 이걸 부모가 강요하거나 더 채찍질하는 순간, 그 기쁨은 반감된다. 시험 성적표를 받는 날이 두려워진다. 이러면 공부를 잘하고 싶다는 마음이 자발적으로 들 수가 없다. 공부는 엄마에게 혼나지 않기 위해 하는 것이 되어버린다.

우리 형제는 중고등학교 때 열심히 공부해 좋은 결과를 거두었던 순간이 많았다. 그런데 그 과정에서 단 한 번도 엄마가 시키니까 공부를 잘해야 한다는 생각을 해본 적이 없다. 순전히 우리가 시험을 잘 보고 싶어서 열심히 했다. 시험을 망친 날에는 혼날 것을 걱정하지 않았다. 만족스럽지 못한 결과가 스스로 너무 아쉽고 속상할 뿐이었다. 서울대 동기들의 이야기를 들어봐도 어릴 때부터 부모님이 닦달해서 공부를 열심히 했다는 경우는 거의 없었다. 대부분 스스로 공부에 대한 욕심이 있어서 열심히 했다.

이처럼 우리가 긍정적인 공부 정서를 지닐 수 있었던 결정적 요인 중 하나는 시험에 대한 부모님의 피드백 방식이었다. 우리는 시험을 보고 나서 단 한 번도 성적이 잘 안 나왔다고 혼난 적이 없다. 성적이 낮게 나오면 어머니께서는 항상 "괜찮아, 다음에 더 잘할 수 있을 거야"라고 위로와 격려를 해주셨다. 그러다 보니 부모님 때문이 아니라 순전히 우리가 원해서 공부를 열심히 하게 되었다.

결과가 아니라 과정에 대해 피드백하라

"그건 두 분이 알아서 공부를 열심히 했으니까 부모님이 그렇게 하셨던 것 아니에요? 우리 애는 시키지 않으면 안 하니까 뭐라고 할 수밖에 없어요."

　이렇게 말하는 부모님도 있다. 그런데 여기서 분명히 해야 할 것이 있다. '결과'에 대한 피드백과 '과정'에 대한 피드백은 다르다는 점이다. 공부 결과에 대해서는 항상 격려해 주셨던 우리 부모님도, 공부하는 과정에서 우리가 무언가를 소홀히 하거나 기본적인 것들을 무시하려 할 때는 단호하게 지도하셨다. 공부의 올바른 여정을 밟으며 성실히 공부해 나갈 수 있도록 습관을 잡아준 것이다.

　이처럼 결과가 아닌 과정에 대해 피드백을 줘야 한다. 예를 들어 아이가 중간고사 공부를 열심히 하지 않았고 결과도 좋지 않았다면, 일단 다음번에는 더 잘할 수 있을 것이라 격려한 다음 기말고사를 공부하는 과정을 지켜보는 것이다. 만약 이번에도 아이가 공부를 성실히 하지 않는다면 이렇게 피드백을 해보자.

　"지난번에도 이렇게 공부를 소홀히 해서 중간고사 결과가 안 좋지 않았니? 그래서 속상해했잖아. 엄마는 네가 공부를 하기만 하면 반드시 더 잘할 수 있을 거라고 믿어. 그러니 이번에는 한번 후회 없이 열심히 해보는 게 어떨까?"

　이처럼 과정에 대한 노력을 강조하여 이야기하는 것이다. 그리고 이와 같은 말로 마무리하면 더욱 완벽하다.

"성적은 잘 안 나와도 괜찮아. 스스로 아쉬움 없이 열심히 했다면 엄마는 그걸로 충분하다고 생각해."

이와 같은 피드백을 받은 아이는 부모가 결과보다는 과정을 중요하게 생각하며 자신을 믿어주고 있다는 점을 인식하게 된다. 이를 통해 아이는 이전보다 조금이라도 더 열심히 하게 될 것이다. 그렇다면 부모는 다시 그런 부분에 대해 칭찬을 충분히 해주자. 설령 시험 결과가 잘 나오지 않았더라도 이전보다 더 열심히 했기 때문에 충분히 잘한 것이며, 이런 노력이 쌓이다 보면 언젠가는 반드시 스스로 기뻐할 만한 성적을 받을 수 있을 것이라고 격려해 주자. 이렇게 과정을 중시하는 피드백, 믿음과 격려가 기반이 되는 피드백이 있어야 엄마가 시켜서 하는 공부가 아닌 아이 스스로 잘하고 싶어서 하는 공부를 할 수 있다.

공부에 흥미를 잃게 하는 부모들의 실수

　흔히들 공부는 재미없지만 해야 하니까 하는 것이라고 생각한다. 어릴 때부터 정해진 교과과정을 따라 공부하다 보니 자신이 선택하지 않은 영역까지 공부해야 하는 의무가 주어지기 때문이다.

　하지만 원래 공부라는 것은 우리에게 상당히 큰 재미를 주는 속성을 지니고 있다. 기본적으로 인간은 호기심이 많기 때문에 무언가를 알아가는 과정을 재미있게 받아들인다. 풀기 어려운 문제가 주어졌을 때 열심히 고민하고 노력해서 그 문제를 풀어내면 엄청난 쾌감을 느끼게 된다. 입시 공부도 마찬가지로 우리가 몰랐던 것에 대해 알아가는 과정이다. 배운 지식을 활용해 문제를 풀어가면서 재미를 느낄 수 있다. 이러한 재미를 느끼다 보면 공부에 대한 흥미를 키워나가게 된다.

그런데 공부에 대한 재미와 흥미를 잃게 만드는 부모님 또는 선생님들의 대표적인 실수 두 가지가 있다. 첫째는 아이가 질문하지 않게 만드는 것이며, 둘째는 생각하며 공부할 시간을 주지 않는 것이다.

공부에 대한 흥미는 질문을 먹고 자란다

우리 형제는 궁금한 게 많고 질문도 많은 학생이었다. 초등학교 5학년 때 학원에서 사회 수업을 듣는데 궁금한 게 너무 많아서 계속 손을 들고 선생님께 질문을 했다. 그랬더니 선생님이 진도 나가는 데 방해가 된다며, 그런 질문들을 하지 말라고 우리를 다그쳤다. 친구들이 다 있는 자리에서 면박을 당하니 창피하기도 했고 상처를 받기도 했다. 그래서 그 뒤로는 그 수업 시간에 아무리 궁금한 게 생겨도 더는 질문하지 않게 되었다.

어린아이들은 궁금한 게 많다. 그러다가 점점 나이가 들면서 호기심도 질문도 줄어든다. 아는 게 많아져서일 수도 있다. 하지만 질문하는 게 당연하지 않은 문화를 경험했기 때문은 아닐까? 우리 부모들도 어렸을 때 어떤 질문을 했다가 주변 반응에 부끄러움을 느낀 경험을 한 적이 한 번쯤 있을 것이다.

무엇인가를 질문했을 때 그 질문에 가치가 있는지 없는지 선생님이나 어른들이 평가하는 경우가 많다. '그런 질문을 왜 하느냐', '왜 그렇게 쓸데없는 질문을 하느냐'며 면박을 주기도 한다. 이렇게 질문할 기회가 제한되다 보면 아이들은 점점 질문을 안 하게 되고 호기심이 줄어들게 된다. 그러면 결국 스스로 생각을 안 하게 된다.

공부는 세상에 대한 호기심을 해결해 나가는 일이다. 모르는 것에 호기심을 느끼고 그 문제를 어떻게 해결할지 궁리하면서 자연스럽게 질문을 하게 된다. 그리고 그 질문에 답을 찾으면서 새로운 것을 알아가는 과정, 즉 공부에 대한 흥미가 깊어진다. 이처럼 호기심은 학습에 있어 중요한 동기부여 요소다.

그럼에도 호기심을 탐구할 시간을 주지 않고 질문도 차단한 채 "이거나 풀어"라든가 "이 공식은 그냥 외워"라는 식으로 지도하는 경우가 많다. 이처럼 궁금증에 대한 해소나 깊은 이해 없이 무조건 기계적으로 외우고 공식을 대입해서 문제만 풀다 보면, 아이들은 결국 공부가 지겨워져 흥미를 잃을 수밖에 없다.

공부를 잘하고 주도적으로 해나가는 아이들은 끊임없이 "왜?"라는 질문을 던진다. 부모나 선생님에게 질문할 뿐 아니라 스스로 질문함으로써 답을 찾으려고 한다. 단순히 해설지에 그렇게 쓰여 있으니까 무작정 외우지 않고 왜 이게 답인지를 고민하면 생각하는 힘과 문제를 해결하는 힘, 전체적인 학습 능력이 발달한다.

그러니 아이들이 마음껏 질문하고 호기심을 펼치게 하라. 가정에서부터 아이들이 아무리 엉뚱한 질문을 해도 부모가 그 질문을 반겨주는 분위기를 만들어야 한다. 그리고 반대로 아이가 질문을 별로 하지 않는다면 가볍게 생각할 거리를 던지며 스스로 고민할 기회를 주자.

"요즘 날씨가 갑자기 추워졌는데 왜 그럴까?"

"마트에서 평소 3000원 하던 참외가 6000원으로 올랐는데 왜 그런 걸까?"

아이들이 일상에서 마주하는 다양한 현상의 원인에 관심을 두고 생각하는 가정 문화를 만들면 아이가 지식을 탐구하는 데 흥미를 느끼게 된다.

아이가 무엇인가를 모른다고 비난하는 태도도 버려야 한다. 부모님이나 선생님이 흔히 하는 잘못된 말이 "이것도 몰라?" 같은 것이다. 뭔가를 가르쳐줬는데 아이가 잊어버리거나 헷갈릴 수도 있다. 그럴 때 "이거 저번에 알려줬잖아. 아직도 모르니?" 하며 비난하거나 무시하면 아이는 자신감을 잃는다.

어떤 문제를 풀다가 막혀 있으면 '왜 안 풀리지? 이 문제를 풀기 위해서는 뭐가 필요하지?'와 같이 스스로 질문하고 고민하도록 독려해 주자. 질문을 통해 능동적으로 공부하는 습관을 길러주자. 어렸을 때부터 이런 습관을 지닌 아이는 공부하면서 자연스럽게 '왜'를 생각하게 되어, 스스로 문제를 해결하는 근력을 키울 수 있다.

생각하지 않는 공부에서
생각할 기회를 주는 공부로

공부하고 싶은 마음가짐을 만드는 일에는 많은 노력이 필요하지만 공부하기 싫게 만드는 것은 너무도 쉽다. 학원에서 다양한 아이를 만나다 보면 '그동안 아이가 공부에 흥미를 붙이기가 참 어려웠겠구나' 하는 생각이 들 때가 있다.

어느 날 학원에 초등학교 6학년 아이가 어머니와 함께 우릴 찾아왔다. 영재반에도 들어가고 다른 과목들 성적도 두루 잘 나오는 아이였다. 그런데 유독 수학 공부를 몹시 싫어했다. 당연히 성적도 잘 나오지 않았다. 아이 어머니도 그게 고민이라고 했다. 그래서 어머니에게 그동안 수학 공부를 어떻게 지도했는지 물었더니, 지금 고등학교 1학년 과정을 공부하고 있다는 게 아닌가. 중학교 수학도 어려

위하는 아이가 고1 수학을 하고 있다는 얘기를 들으니 아이가 왜 그러는지 바로 이해할 수 있었다.

"어머님, 아이가 수학을 싫어하게 될 수밖에 없었네요."
"네?"
"애들이 수학 공부하면서 재밌다고 느끼는 게 언제인지 아세요? 고민해서 스스로 문제를 풀어내고 답을 맞혔을 때입니다. 그때 수학이 재미있다고 느껴 더 열심히 공부하게 되죠. 계산기처럼 기계적으로 대입하듯 문제를 풀면서 재미있다고 느끼는 아이는 없습니다. 그런데 지금 공부를 그렇게 시키고 있으니 수학을 싫어할 수밖에요."

선행 학습을 하는 대부분의 경우를 살펴보면, 현행 심화 문제를 잘 못 푸는데도 선행 과정의 기본만 익히면서 진도를 급히 나가는 겉핥기식의 공부를 한다. 선행 과정에서 심화 문제를 풀 만큼의 실력이 되지 않으니 기본 개념과 유형별 문제 풀이법을 간신히 익히는 정도로만 공부하는 것이다. 하지만 그 단계에서 풀게 되는 문제들은 고민하고 생각할 필요가 없는 수준의 문제들이다. 단지 배웠던 풀이법을 그대로 잘 따라 할 수 있는지를 확인할 뿐이다. 이런 방식으로 공부하면 실력을 기르기도 어렵거니와 재미를 느낄 수도 없다.

"공부가 재밌어서 하나요? 필요하니까 하는 거죠. 어떻게 재밌는 일만 하고 살겠어요. 아이에게 힘들어도 공부해야 한다는 걸 가르쳐야죠."

이렇게 말하는 부모도 있다. 물론 학생들은 입시 여정 동안 필요하기 때문에 공부를 한다. 하지만 공부가 재미있지 않다는 말은 틀렸다. 모든 공부를 재미있다고 느끼지는 못하더라도, 고민해서 어떤 문제를 해결하는 경험을 하고 그런 성공 경험이 쌓여가면 성취감과 재미를 느끼게 된다. 그러면 공부하지 말라고 말려도 공부하게 된다. 우리 형제가 그랬고, 우리가 본 공부 잘하는 아이들 대부분이 그랬다.

공부를 스스로 열심히 하는 아이들은 그 맛을 경험해 본 아이들이다. 수학을 좋아하는 아이들은 어려운 문제를 열심히 머리 싸매고 씨름해서 결국 풀어냈을 때의 쾌감을 안다. 그 과정이 재미없고 힘들더라도 그 순간을 이기면 더 큰 기쁨과 성취감이 온다는 걸 알기에 견디며 노력하게 된다.

반면 공부에 흥미를 느끼지 못하면 스스로 생각하려고 하지 않는다. 즉 사고력이 길러지지 않는다. 사고력은 능동적으로 공부하려는 마음이 클 때 길러지는 것이다. 수동적으로 끌려가듯 공부해서는 길러지기 어렵다. 이런 사고력이 있어야만 모든 과목을 공부할 때

변별력을 지닌 심화 문제를 풀 수 있다.

그런데 이를 간과한 채 아이들의 사고력을 떨어뜨리는 경우가 너무나 많다. 대표적인 예시가 과도한 학원 스케줄과 무리한 과제다. 학원을 이곳저곳 돌면서 '과제 폭탄'을 받으면 아이들이 생각할 여유를 갖기 힘들다. 당장 과제를 쳐내는 데 급급한데 언제 스스로 생각해서 문제를 풀려고 하겠는가.

사고력은 충분히 고민하며 스스로 문제를 풀어보는 과정 속에서 길러진다. 그러니 아이가 너무 수동적이고 주어진 공부를 끌려가듯 하고 있다는 생각이 든다면, 과제의 양을 줄이더라도 충분히 생각하면서 문제를 풀 수 있는 시간을 마련해 주자.

이때 아이가 풀 문제의 양은 줄이고, 난이도는 아이 수준에 비해 조금 높지만 조금만 고민하고 노력하면 풀 수 있을 만한 수준의 문제를 풀게 하는 게 좋다. 예를 들어 그동안 기본 유형 문제를 100개 풀었다면, 기본 유형 문제 50개에 응용 심화 문제 5개를 풀게 하는 식으로 바꿔볼 수 있다. 처음에는 사고력이 필요한 어려운 문제들을 푸는 것을 힘들어할 수 있다. 하지만 부모님과 선생님의 도움으로 하나둘씩 답을 맞혀나가면서 그 재미와 성취감을 알게 되면, 앞으로의 공부에 큰 동력이 된다. 이런 방식으로 공부해야 아이들은 스스로 생각하는 사고력을 기를 수 있다.

왜 공부해야 하는지
묻는 아이에게

중학교 2학년 서준이는 초등학교 때부터 공부를 열심히 했고 또 잘해왔다. 그런데 사춘기에 들어서면서 눈에 띄게 태도가 변하기 시작했다. 지각 한 번 안 하던 아이였는데 학원을 무단으로 결석하기도 했다. 숙제를 안 해오는 날도 늘어났다. 아이의 변화를 느낀 어머니도 걱정되는 마음에 우리에게 상담을 부탁했다.

서준이를 불러 앉혀놓고 허심탄회하게 이야기를 나눠보았다. 부모에게 하기 힘든 이야기도 학원이나 과외 선생님처럼 가족 외의 누군가에게는 털어놓는 아이가 많다. 무조건 공부하라고 잔소리하기보다는, 아이의 마음속에 뭔가 변화가 일어난 게 분명하므로 그 마음을 먼저 들여다보아야 한다. 이런저런 얘기 끝에 서준이가 한마디를 툭 내뱉었다.

"공부를 왜 해야 하는지 모르겠어요."

아이는 본질적인 이유를 고민하고 있었다. '공부는 왜 해야 하는가', '공부가 내 인생에 어떤 도움이 되는가'와 같은 것들은 학창 시절에 누구나 한 번쯤 해볼 법한 고민이다. 그러나 이런 고민에 답을 주는 어른이 많지 않다. 지금 이 순간에도 공부를 왜 해야 하는지에 대한 본질적인 이유를 치열하게 고민하고 있는 수십만 명의 학생들이 있을 것이다. 이들에게 어른들은 어떤 말을 해줄 수 있을까?

공부하는 이유를 설명하는 목적은
걸림돌을 제거하기 위함이다

부모들은 인생을 잘 살아가는 데 공부가 얼마나 중요한 역할을 하는지 알고 있다. 그래서 자식이 미래에 잘 살았으면 하는 마음으로 공부를 열심히 하라고 지도하는 것이다. 하지만 곁에서 이런 조언을 아무리 해줘도 대부분의 아이들에게는 크게 동기부여가 되지 않는다. 미래에 잘 사는 것은 너무 먼 훗날의 일처럼 느껴지기 때문이다. 하물며 어른들도 운동을 열심히 해서 건강을 잘 챙겨야 나이가 든 뒤 후회하지 않는다는 것을 알면서도 오늘 할 운동을 내일로 미룬다. 인생 경험이 적은 아이들은 그런 심리가 더 심할 수밖에 없다.

그렇다면 아이들에게 공부해야 하는 이유를 설명하는 일은 아무런 의미가 없을까? 그렇지 않다. 공부해야 하는 이유를 알려주되 그 이야기를 하는 목적과 기대 효과를 명확히 해야 한다.

공부하는 이유를 알려주는 목적이 아이의 의지를 끌어올리기 위함이어서는 안 된다. 공부가 앞으로의 인생에 어떻게 도움이 될 것이며 왜 중요한지에 대해 쭉 이야기해 주었을 때 그 말을 듣고 공부 의지가 활활 타오를 학생은 열 명 중에 한 명이 될까 말까다. 공부 의지를 높일 목적으로 그런 이야기를 한다면 후일 부모가 실망할 가능성이 크다.

공부하는 이유를 알려주는 목적은, 공부를 열심히 하고자 하는 아이들의 마음을 방해하는 머릿속 걸림돌을 제거하기 위함이다.

'돈 계산만 할 줄 알면 되지, 도대체 왜 이렇게 어려운 수학 개념까지 공부해야 하지?'

아이들 입장에서는 충분히 이런 생각을 할 수 있다. 이런 의문이

들면 안 그래도 어려운 수학 공부가 더더욱 하기 싫어진다.

'나는 한국에서 살 건데 도대체 영어는 왜 배워야 하는 거지?'

이런 의문도 가질 수 있다. 그러면 영어 공부도 하기 싫어진다. 이런 물음들이 생겨 공부가 하기 싫어질 때 공부해야 하는 이유에 대해 말해주면 도움이 된다. 공부가 하고 싶어지게 만드는 것까지는 아니더라도, 적어도 지금 하는 공부가 쓸모없다는 생각 자체는 더 이상 하지 않게 만들 수 있다.

이것이 공부해야 하는 이유를 얘기해 주는 목적이다. 공부에 대한 거부감부터 없애야 공부를 좋아하는 수준까지 나아갈 수 있다.

공부해야 하는 이유를 어떻게 설명해야 할까

우리 학원에서는 아이들에게 공부하는 이유를 설명해 주기 전에 먼저 거치는 과정이 한 가지 있다. 바로 아이들이 나중에 무엇을 하고 어떻게 살고 싶은지를 물어보는 것이다. "선생님은 무조건 네가 공부해야 한다고 생각해"라는 태도로 이야기를 시작하는 순간, 아이는 거부감을 느끼며 이야기를 듣게 된다. 그런데 "선생님은 네가 나중에 더 행복하게 살았으면 좋겠어"라는 말로 이야기를 시작하면 아이들은 훨씬 더 열린 마음으로 대화에 참여한다.

그래서 우리는 공부 의욕이 없어 보이는 학생들과 이야기할 때도 먼저 아이에게 관심을 보이며 대화를 시작한다. "나중에 커서 하고 싶은 것이 있니?", "나중에 어떻게 살면 행복할 것 같아?", "나중에 이렇게는 살고 싶지 않다고 생각하는 모습이 있어?"와 같은 질문을 하며 대화하면 아이들은 대화를 훨씬 재미있게 느끼며 자신의 속마음을 술술 말하기 시작한다. 그리고 선생님의 이야기도 더 잘 들어주려는 태도를 보이게 된다.

장래희망이 무엇인지 물어봤을 때 공부 의욕이 없어 고민하는 친구들은 대부분 다음 두 가지 경우 중 하나에 해당했다. 첫째, 장래희망이 없거나 둘째, 장래희망이 있긴 하지만 그렇게 열정이 크지는 않은 경우였다.

공부 의욕이 약한 한 아이를 상담하면서 장래희망이 무엇인지 물었더니, 자신의 꿈은 가수가 되는 것이라고 했다. 그래서 가수가 되기 위해 어떤 준비를 하고 있는지 물었더니 딱히 준비하고 있는 것은 없다고 했다. 이런 경우가 바로 장래희망이 있지만 열정이 적은 경우다. 이런 대답을 하는 아이들에게 우리는 이렇게 이야기한다.

"너 진짜 가수가 되고 싶어? 내가 생각하는 기준을 말해줄게. 그 일을 할 수만 있다면 설령 돈을 많이 못 벌어도, 누리고 싶은 것들을 충분히 누리지 못해도 괜찮다는 생각이 들면 그게 진짜 하고 싶은 일인 거야. 그렇게 큰 열정을 가질 수 있는 일이 있는데 그게 공부랑 상관없다면, 공부 안 하고 그 일을 준비하면 돼. 그러면 그 길로 가도 잘 살 수 있어. 그런데 지금 네가 너의 꿈에 대해서 이야기하고 준비하는 것을 보면 그렇게까지 큰 열정이 있어 보이지는 않아. 내 말이 맞니?"

이런 식으로 꿈과 열정, 공부를 엮어 차분히 설명하면 대부분의 아이들이 수긍한다. 애초에 공부 의욕 때문에 문제를 겪고 있는 아이들은 공부가 아닌 다른 길에 대한 준비도 안 하고 있는데 공부까지 안 하니까 어려움을 겪는 것이다. 이런 대화를 통해 아이가 공부와 상관없는 일 중에 엄청난 열정을 가지고 있는 장래희망은 없다는 공감대를 형성해 두고 다음 이야기로 넘어간다.

인생의 선택지를 넓혀주는 공부의 힘

앞선 대화 이후에는 본격적으로 지금 상황에서 공부를 해야 하는 이유에 대해 설명하기 시작한다. 이때 우리 형제는 보통 '지금 공부를 열심히 해두면 나중에 하고 싶은 일이 생겼을 때 그것을 할 수 있게 되고, 만약 하기 싫은 일이 있으면 그것을 피할 수 있게 된다'고 알려준다.

청소년기 아이들에게는 지금 당장 크게 하고 싶은 일이 없을 수 있다. 그렇지만 나중에 성인이 되어 대학에 가고 사회초년생이 될 무렵에는 대부분 하고 싶은 일이나 가기 싫은 분야가 생긴다. 이때 공부를 미리 열심히 해둘수록 선택권이 많아진다는 이야기를 해준다.

"네가 나중에 대학교를 졸업하고 사회에 나갈 때 선택할 수 있는 직업이 100개가 있다고 해보자. 그중에 공부를 못 해도 잘할 수 있는 일이 20~30개 정도 돼. 나머지 70~80개는 애초에 공부를 잘해야만 그 직업을 가질 수 있거나 공부를 잘할수록 더 유리한 직업이야. 지금은 네가 하고 싶은 게 뭔지 모르지만, 나중에 하고 싶은 일이 생긴다면 20~30%보다는 70~80% 안에 들어갈 확률이 높겠지? 그러니까 지금 공부를 열심히 해두면 네가 나중에 원하는 대로 살 수 있는 가능성이 커지는 거야."

이렇게 설명하면 아이들은 보통 수긍한다. 이러한 대화를 통해 마음에 큰 변화가 생겨서 공부 의욕이 불타오르는 학생들은 열 명 중 한 명이 있을까 말까 한다. 그래도 열 명 중 아홉 명 이상의 학생들은 머릿속으로라도 '공부를 하긴 해야겠구나' 하는 생각을 하게 된다. 여기까지 오면 공부해야 하는 이유를 알려주려 했던 목적은 성공적으로 달성한 것이다.

일단 머릿속에 공부를 방해하는 걸림돌이 없어지는 것만으로도 더 큰 학습 동기부여의 기회가 열렸다. 그 동기부여가 더 커지기 위해서는 공부를 잘 해내겠다는 목적의식이 있어야 하고, 그 목적을 달성할 수 있다는 희망이 있어야 한다. 그리고 앞으로 조금씩 나아가는 과정에서 얻게 되는 크고 작은 성공 경험들을 통해 성취감의 맛을 느껴야 한다. 어떻게 하면 공부하고자 하는 마음이 더 커지는지는 다음 장에서 소개하겠다.

목적지가 분명해야
공부에 탄력이 붙는다

학습 동기를 끌어올리기 위해 중요한 것 중 하나가 바로 목표를 설정하는 일이다. 목표가 명확하지 않으면 동기는 강화될 수 없다. 달리기를 시작했는데 결승선이 어딘지 모른다면 막막하기만 하고 포기하고 싶을 것이다. 공부도 이와 마찬가지다. 목표를 정하지 않은 상태에서 그냥 해야 한다고 하면 동기부여가 되기 어렵다.

그렇다면 목표는 어떻게 설정해야 할까? 먼저 목표의 종류에 따라 세분화하여 살펴볼 수 있다. 목표는 장기 목표, 중기 목표, 단기 목표로 구분한다.

먼저 '장기 목표'는 내가 1년 이상의 긴 기간에 걸쳐 공부를 통해 달성하고자 하는 목표다. 예를 들면 공부를 통해 어떤 직업을 갖고자 하는 것일 수도 있고, 공부를 열심히 해서 원하는 학교에 합격하는 것일 수도 있다. 장기 목표는 먼 미래의 목표기 때문에 당장은 아이들에게 영향을 주지 않기도 하지만, 그 목표를 정말 간절하게 바라면 그 무엇보다도 큰 동기를 부여한다.

우리 형제는 장기 목표가 공부를 열심히 하는 데 큰 동력이 되었다. 중학교 1학년 때, 큰형이 다니던 전교생 기숙사 학교인 공주한일고등학교에 놀러간 적이 있었다. 그곳에서 공부 잘하는 형들이 모여서 공부도 하고 축구도 하면서 지내는 모습이 왠지 모르게 멋있어 보였다. 그래서 '우리도 꼭 공부를 열심히 해서 이 고등학교에 오자' 하고 마음속에 열의를 품게 되었다.

당시 한일고에 입학하려면 중학교 전 기간 동안의 내신이 최상위권이어야 했을 뿐 아니라, 수학 경시대회나 토익처럼 외부 시험에서 좋은 성적을 거두어 가산점을 받아야 했다. 그래서 우리는 중학교 때 내신 시험에서 항상 전교 최상위권을 유지하기 위해 치열하게 공부했다. 혹시 조금이라도 성적이 잘 안 나오면 한일고에 들어가지 못할까 봐 걱정되어 다음 시험 때는 반드시 더 잘 봐서 만회해야겠다고 다짐했다.

한편 '중기 목표'는 1개월 이상의 특정 기간 동안 학습을 통해 달성하고자 하는 목표다. 예를 들면 2학년 1학기 수학 1등급 받기, 영어 중간고사 90점 이상 받기, 방학 동안 국영수 참고서 2권씩 끝내기 등이 그렇다. 우리 형제는 보통 방학 목표, 시험 기간 목표처럼 2개월 정도 되는 기간을 단위로 잡아 중기 목표를 세웠다.

중기 목표를 세울 때 중요한 점은 충분히 도전적인 동시에 현실적인 목표를 세워야 한다는 것이다. 평균 50점을 받던 학생이 바로 다음 시험에서 평균 90점을 넘겠다는 목표를 세웠다고 해보자. 물론 그만큼 열심히 노력하겠다는 마음에서 목표를 높게 잡은 것은 기특하다. 그렇지만 막상 공부를 해나가다 보면 당장 이번 시험에서 평균 90점을 넘기는 것은 거의 불가능하다고 느끼게 될 것이다. 그렇게 되면 목표는 그 의미를 잃게 된다.

반대로 너무 쉬운 목표를 설정해도 안 된다. 평균 50점 받던 학생이 평균 55점을 받는 것을 목표로 한다면, 평소보다 아주 조금만 공부를 더 해도 그 목표를 쉽게 달성할 수 있기 때문에 발전이 적고 동기부여도 덜 된다. 따라서 달성하기 마냥 쉽지는 않아 보이지만 그래도 정말 열심히 하면 할 수 있을 것 같은 느낌이 드는 수준으로 목표를 세워야 한다. 평균 50점을 받던 학생이었다면, 다음 시험에서 평균 70점을 받는 것을 목표로 잡으면 적당할 것이다.

마지막으로 '단기 목표'는 하루 내지는 일주일 정도 단위의 짧은 기간에 대한 목표를 말한다. 단기 목표는 보통 성적과 같은 목표라기보다는 해야 할 공부에 대한 목표가 일반적이다. 예를 들면 일주일 동안 국어 참고서 두 단원 풀기, 영어 단어 200개 외우기 등의 목표를 세워볼 수 있다. 단기 목표는 당장 해야 할 공부와 가장 직접적으로 맞닿아 있기 때문에 세우기도 쉽고 동기부여 효과를 보기도 쉽다.

"오늘은 책 5쪽을 읽고 학습지 3쪽을 풀고, 영어 단어 20개를 외우는 것까지 하면 그 이후에 맘껏 노는 거야."

만약 이렇게 오늘의 목표를 세웠다고 해보자. 해야 할 일이 막연하지 않고 명확하기 때문에 아이들은 쉽게 이를 따라 할 수 있다.

정리하자면 중장기 목표는 공부의 방향성을 설정함과 동시에 아이의 마음을 근본적으로 움직이는 역할을 하고, 단기 목표는 구체적인 아이의 행동을 유도하는 역할을 한다. 똑같은 기간을 보낸다고 했을 때, 목표를 세우고 공부하는 학생과 목표 없이 되는 대로 공부하는 학생의 결과 차이는 어마어마하다. 아이가 장기·중기·단기 기간별로 어떤 목표를 가지고 있는지 확인해 보고, 목표가 없다면 아이와 이야기하여 반드시 아이가 목표를 정하도록 도와주자.

무한한 희망과 신뢰를 보여주어라

목표로 진정한 동기부여를 불러일으키려면 그 목표를 달성할 수 있다는 희망이 있어야 한다. 설정한 목표를 자신의 능력으로는 달성할 수 없다는 생각이 들면, 그 목표로는 동기가 부여되지 않는다.

학원에서 아이들을 멘토링하고 공부 의욕을 끌어올릴 때 우리가 반드시 거치는 단계가 있다. 바로 목표를 달성하기 위한 방법을 알려주는 것이다.

만약 고등학교 진학을 앞두고 좋은 성적을 받기 위해 고민하는 학생이라면 어떻게 해야 1학년 1학기 때 좋은 성적을 받을 수 있을지 자세한 방법을 알려준다. 그리고 왜 그런 방법으로 공부하면 성적이 잘 나올 수밖에 없는지 쉽게 이해할 수 있도록 설명해 준다. 그러면 학생들은 '아, 내가 이렇게만 하면 정말 목표를 달성할 수 있겠구나!' 하는 자신감이 생기면서 목표를 달성하려는 의지를 갖게 된다.

여기에 또 한 가지 중요한 요소가 있다. 그것은 바로 성공 사례를 알려주는 것이다. 알려준 방법을 통해 목표를 달성하고 성공을 거둔 학생들의 실제 이야기를 들으면 자신도 할 수 있다는 믿음이 커진다.

특히 아이와 비슷한 상황에 있던 학생의 성공 사례를 이야기해주면 아이는 더 크게 공감하고 동기가 부여된다. 전교 1등의 공부 방법을 알려주는 것도 도움이 되긴 하겠지만 아이에게는 별로 와닿지 않을 수 있다. 반면 70점을 받던 학생이 어떤 방법으로 공부했더니 100점이 되었다고 하면, '어? 그건 나도 할 수 있을 것 같은데?'라는 생각이 들 것이다. 그래서 우리는 성공 사례를 알려줄 때도, 각 학생들이 처해 있는 상황과 가장 비슷한 학생의 사례를 알려주려고 한다.

이렇게 목표를 달성하는 방법과 성공 사례를 알려주며 희망을 심어주는 게 끝이 아니다. 중요한 것은 그 희망의 불씨가 꺼지지 않게 계속 희망을 불어넣어 주는 것이다. 방법을 배우긴 했어도 실천을 통해 목표에 가까워지는 과정은 마냥 쉽지만은 않다. 공부는 조금 했다고 해서 실력이 바로 오르지 않기 때문에 '이렇게 하면 되는 게 정말 맞는 걸까?' 하면서 의구심이 생기게 된다.

이때 부모님 또는 선생님이 꾸준히 아이에게 "너는 충분히 잘할 수 있어" 말하며 희망의 불씨가 꺼지지 않게 해야 한다. 부모님 입장에서 아이가 정말 할 수 있을지 속으로는 확신이 들지 않는다고 하더라도, 겉으로는 100% 확신하는 것처럼 믿음을 보여주어야 한다. 그렇게 계속 아이를 지지해 주다 보면 아이는 점점 자신감이 차오르고, 그 힘으로 결국 목표에 다가갈 수 있게 된다.

패배감에 젖지 않도록
희망을 부여하라

공부해야 한다는 생각은 들지만 막상 하려니 잘 안 된다. 특히 그동안 공부를 제대로 해본 적 없는 아이가 갑자기 공부하려고 하면 집중하기도 힘들고 이해도 잘 안 된다. 그러면 이런 생각을 하게 된다.

'나는 역시 안 돼. 열심히 해봤자 안 될 거야.'
'공부 잘하는 애들은 나랑은 다른 세계에 사는 사람이야.'

'실패보다 무서운 건 패배 의식'이라는 말이 있다. 패배 의식에 젖으면 성공할 수 있다는 자신감이 사라져서 쉽게 포기하게 된다. 특히 한 번도 공부를 잘해본 경험이 없는 아이들은 패배 의식에 빠져 있는 경우가 많다.

줄곧 전교 1등을 하는 아이와 전교 100등 정도에 머무는 아이는 무엇이 다를까? 이 보이지 않는 강을 가르는 것은 방법의 문제라기보다는 마인드의 문제일 가능성이 크다. 기본적으로 마인드, 즉 사고방식과 마음가짐의 차이가 자신의 위치를 결정한다.

평소 전교 1등을 하는 학생들은 스스로도 전교 1등이라고 생각한다. 반면 전교 100등 하는 학생들은 스스로를 전교 100등짜리라고 생각한다. 만약 전교 1등이었던 학생이 운이 안 좋았든, 노력을 좀 덜해서든 갑자기 전교 30등으로 떨어졌다고 해보자. 그럼 이 아이는 스스로를 전교 30등으로 생각하고 계속 30등에 머물러 있을까? 그렇지 않다. 그 상태와 위치를 견딜 수 없어서 다시 전교 1등으로 올라가려고 노력한다.

반면, 전교 100등이었던 학생이 운이 좋아서건 노력을 해서건 전교 70~80등이 나왔다고 해보자. 그래도 이 학생은 자기가 100등 수준인 사람이라고 생각하기 때문에 이것을 한 번의 운으로 여기고 해이해져서 성적이 다시 내려갈 가능성이 크다. 왜냐하면 기본적으로 낮은 성적에 익숙해져 있어서, 낮은 성적을 당연하고 심지어 타당한 것으로 받아들이기 때문이다.

그러므로 아이가 긍정적인 마인드로 바꿀 수 있도록, 나도 할 수 있다는 희망을 갖도록 도와야 한다. 지금 등수를 나의 수준이라고 단정 짓지 않고, 현재는 전교 100등이어도 앞으로는 전교 1등이 될 수 있다는 마음가짐으로 공부해야 한다. 목표가 서울대 입학이라면 이미 미래의 서울대생이라고 스스로 생각해야 한다. 미래에 서울대에 갈 사람이니까, 거기에 걸맞게 공부해야 한다고 생각해야 한다. '내 실력으로 어떻게 서울대를 가'라고 생각하면 서울대는커녕 훨씬 낮은 수준에도 도달하지 못한다.

학생들을 지도하면서 자신의 한계를 무의식적으로 규정짓는 경우가 너무 많다는 걸 느낀다. 우리 어른들도 살아가다 보면 현재 상황이 자기의 수준이라고 생각하는 경우가 많다. 공부 성적이든 직장인의 연봉이든 현재 수준에 안주하기 쉽다. 이는 어쩌면 자연스러운 현상인지도 모른다. 더군다나 어떤 수준이 오랫동안 지속되었다면 더더욱 그렇다.

그런데 살다 보면 생각지도 못한 사람이 놀랍게 성장하여 수준이 달라지는 경우를 많이 보지 않는가. 부모들이라면 그런 사례를 많이 봤을 것이다. '새는 알을 깨고 나온다'라는 표현처럼, 어떤 알을 한 번 깨는 경험을 하면 '내가 이걸 못하는 게 아니었네'라고 깨닫게 된다.

우리도 아이들을 가르치면서 그런 경우를 많이 봤다. 아이들은 정말 놀라울 정도의 잠재력을 지니고 있다. 그런데 아이 자신이 그 것을 미처 깨닫지 못하고, 부모도 아이의 잠재력을 믿지 못해 일깨 워 주지 못하는 경우가 많다.

역전은 언제나 가능하다

그럼 어떻게 해야 아이들의 잠재력을 발산하도록 희망을 심어줄 수 있을까? '너는 할 수 있다'고 백날 말해도 와닿지 않을지도 모른 다. 그런데 만약 자신과 중위권 언저리에서 같이 엎치락뒤치락하던 친구가 어느 날 갑자기 1등을 하면 어떻게 될까? 엄청난 자극을 받 아 '나도 저렇게 할 수 있지 않을까?' 하는 생각이 스멀스멀 피어날 것이다.

수험생들이 합격 수기를 찾아보고 어른들이 성공담에 귀를 기울 이는 이유는 자신도 그렇게 될 수 있다는 희망을 품고 동기부여를 하기 위해서다. 아이들도 마찬가지로 다른 학생들의 역전 스토리를 들으면 희망을 품게 된다. 희망이 있어야 노력도 한다.

주변에 찾아보면 짧은 기간에 노베이스에서 최상위권으로 올라선 사례도 얼마든지 많다. 우리가 가르친 아이 중에서도 이런 경우가 적 지 않다. 그중에서 대표적인 사례로 이야기할 수 있는 학생이 한 명 있다. 내(호원)가 대학생 때 과외를 했던 소희의 이야기다.

소희는 당시 고등학교 2학년이었는데, 미술을 하던 아이라서 그동안 교과목 공부를 그리 열심히 해오지 않았다. 당연히 성적도 좋지 않았다. 대부분의 과목이 5~6등급이었고 수학은 단 한 번도 50점을 넘은 적이 없었다. 아이 스스로도 자기는 공부 못하는 애라고 생각하고 있었다. 부모님도 마찬가지였다. 다만 이대로 계속 가면 안 된다는 생각이 든 소희는 기본은 하자고 마음먹고 나와 함께 공부를 시작하게 되었다.

3월부터 공부를 시작했는데, 갑자기 소희가 7월에 미술을 그만두겠다고 선언했다. 그 말을 들은 나는 성적도 바닥인데 미술까지 그만두면 답이 없다고 생각했다. 그래서 말렸지만 이미 소희는 단호하게 결정을 내린 터였다.

그러면서 소희는 미술은 도저히 더 못 하겠고, 공부도 자기 수준을 아니까 많은 걸 바라지 않는다며 서울 안에 있는 대학교만 가면 좋겠다고 했다. 그러나 그것도 쉽지 않은 상황이었다. 그래서 나는 조건을 내걸었다.

"네가 미술을 포기할 거면 지금부터 수능 볼 때까지 내가 시키는 걸 빠짐없이 다 해야 한다!"

소희는 이에 흔쾌히 동의했다. 미술을 포기한 이상 자기도 절박했을 것이다. 소희는 깜짝 놀랄 정도로 약속을 지켰다. 숙제든 뭐든 시키는 건 성실하게 다 했다. 그렇다고 해서 한 번에 성적이 오르기란 쉽지 않다. 고2 11월 모의고사 때 처음 턱걸이로 수학 3등급을 받았다. 계속 열심히 한 덕분에 고3 3월 모의고사 때는 턱걸이 2등급이 나왔다.

그것만 해도 엄청난 성과였다. 그런데 더 놀라운 건 고3 4월 모의고사에서 난생처음 1등급이 나온 것이었다. 소희는 결국 수능에서 탐구 한 과목만 2등급을 받고 나머지는 모두 1등급을 받아서 연세대에 합격했다. 그야말로 인생 역전. 내가 가르쳤던 학생 중 가장 드라마틱하게 성적이 올랐던 사례다.

그런데 연세대에 합격했다는 소식을 듣고 소희와 얘기를 나눌 때 예상치 못했던 반전이 있었다. 평균 5~6등급 받던 학생이 연세대에 합격했으니 당연히 엄청 만족하고 행복해할 줄 알았는데, 이런 말을 하는 게 아닌가.

"선생님, 저 서울대 못 간 거 미련이 남아요."

아이는 2년여 전에 봤을 때와 완전히 다른 사람이 되어 있었다. 서울 안에 있는 학교만 가도 소원이 없겠다지 않는가! 성공을 맛

보면서 자신감도 생긴 건 물론이고 자기에 대한 기준치 자체가 완전히 달라진 것이다.

이 학생이 특별히 머리가 좋은 편도 아니었다. 다른 친구들과 달랐던 점이라면 주어진 걸 성실하게 해내는 태도와 노력하다 보면 좋은 결과가 있을 것이라는 믿음을 지녔다는 것이었다. 열심히 해도 안 된다는 패배 의식을 갖고 공부하는 아이가 많다. 그런 아이가 있다면 이런 사례를 얘기해 주면서 자신감을 북돋아 주자. 아직 할 수 있는 모든 노력과 방법을 시도해 보지 않았기에 성공의 가능성은 무한히 열려 있다.

성공 경험이
아이를 변하게 한다

공부하고자 하는 마음을 갖게 하는 데 가장 중요한 한 가지를 고른다면 바로 성공 경험과, 거기에서 오는 성취감일 것이다.

우리 형제를 비롯해 서울대 동기들과 이야기를 나눠보면 어렸을 때부터 원대한 목표가 있어서 그것을 달성하기 위해 열심히 공부했거나, 공부가 자신의 인생에 지니는 가치를 생각하며 공부했다는 친구들은 극히 드물다. 열심히 하다 보니 좋은 성적을 받게 되었는데, 그로부터 오는 성취감이 정말 커서 이후에도 계속 그 성취감을 느끼고자 열심히 했던 경우가 대부분이다. 그러다가 중간에 꿈이 생기면 또 그 꿈을 이루기 위해 공부를 열심히 하게 되는 것이다. 이처럼 처음으로 공부를 열심히 하게 된 계기는 주로 성취감에서 비롯된다.

따라서 자녀가 공부를 더 열심히 했으면 하는 부모라면, 공부의 필요성에 대해 구구절절 설명하지 말고 작게라도 공부에 있어 성공하는 경험을 하게 돕자. 그게 아이에게는 훨씬 더 큰 도움이 된다. 예를 들어 성적이 50점인 학생이라면, 다음 시험을 공부할 때 열심히 옆에서 도와주어 70점을 받을 수 있게 해주자. 그러면 그 학생은 뿌듯함을 느낌과 동시에 자신의 위치가 20점 더 올라갔으니 이후 시험부터는 그 아래로 내려가지 않기 위해 스스로 더 노력하게 된다.

여름방학을 맞이하여 우리 학원에 온 중학교 3학년 학생이 있었다. 이 아이는 수학을 제대로 공부해 본 적이 없어서 1학기에 40점대를 받은 상태였다. 여름방학 동안 부족한 기초를 다시 쌓고 열심히 공부한 결과 2학기 중간고사에서는 95점을 받았다. 상상도 못했던 점수를 받자 아이의 생각과 태도도 완전히 달라졌다.

먼저, 하니까 된다는 것을 깨달았다. 그 뒤 수학 과목 외에 다른 과목들도 노력만 하면 고득점을 받을 수 있다는 생각을 하게 되면서 전 과목의 성적이 같이 올라갔다. 또한 성취감을 느껴 자신에 대한 기준치가 높아졌다. 수학 시험에서 한 번 95점을 받자 자신은 이제 수학을 못하는 아이가 아니라 잘하는 아이라고 인식하게 된 것이다. 그 학생은 이후에도 꾸준히 수학 과목에서 상위권을 유지하기 위해 노력했다. 그래서 3년이 지나 고등학교 3학년이 된 뒤에도 수학 1등급을 유지했다.

공부하기 싫어하는 아이들은 사실 공부를 잘했을 때의 맛을 몰라서 안 하게 되는 면도 있다. 이런 경우에는 너무 큰 부담이나 압박감을 주기보다는 '지금보다 10점만 올려볼까? 아니, 먼저 5점만 올려볼까?' 정도로 가볍게 생각하도록 해주자. 그렇게 해서 본인의 노력을 통해 성적을 조금씩 올려보는 경험을 하다 보면, 작은 성과들이 쌓여 성취감을 느낌과 동시에 할 수 있다는 자신감이 생긴다. 이는 더 높은 목표를 향해 나아가게 하는 원동력이 된다.

★ ★ ★ ★

4부

전략&공부법

성공하는 방식을
가르쳐야 합니다

아이의 상황을 진단했고 동기부여도 했다면 이제 우리 아이에게 꼭 맞는 공부 전략을 세워보자. 무작정 열심히만 하거나 누군가의 방식을 따라 하는 게 아니라 효과적인 공부법에 대해 이해하고 효율적인 전략을 짜야 성과가 나온다. 이번 4부에서는 우리 아이에게 맞는 학습 수단을 결정하는 방법부터 구체적인 공부 전략까지 이야기해 보겠다. 아이에게도 가르쳐주거나 보여주면서 참고하도록 하자.

내 아이
맞춤 공부 전략을
장착하라

노력해도 안 된다면
공부법이 잘못되었다

공부 성과는 '노력×학습 방법'으로 결정된다. 공부를 잘하려면 당연히 노력을 많이 해야 하지만, 동시에 효율적이면서도 올바른 방법으로 공부해야 한다. 둘 중 하나라도 간과하면 최상의 성적을 낼 수 없다.

만약 누가 봐도 열심히 공부하고 있는데 성적이 오르지 않는다면 방법이 잘못된 것이다. 이런 경우에는 공부 방법을 점검해야 한다.

대학교 후배 중에 삼수를 하던 끝에 수능 만점을 받아 서울대 경영학과에 진학한 친구가 있었다. 현역 때도 공부를 어느 정도 하긴 했지만 서울대에 갈 정도는 전혀 아니었다. 실제로 첫 수능에서 합격한 대학은 성적 기준으로 서울대와는 격차가 큰 학교였다.

그런데 어떻게 해서 결국 수능 만점을 받게 된 걸까? 후배에게 물었더니 재수, 삼수를 하면서 자신의 공부 방식에서 잘못된 점이 무엇인지 차츰 깨닫게 되었다고 했다. 그래서 공부 방법을 개선했더니 성적이 오르기 시작했다고. 결국 올바른 방법과 노력이 엄청난 차이의 결과를 만든 것이다.

이처럼 원하는 성과를 거두기 위해서는 올바른 공부법이 무엇인지 알고, 자신(아이)의 문제를 분석해서 파악한 다음, 이를 개선하며 공부해야 한다. 시간을 단순히 많이 쏟지 말고 효과적이고 효율적으로 공부해야 한다. 그렇다면 과연 효율적으로 공부하는 방법은 무엇일까? 그리고 부모는 이를 어떻게 도울 수 있을까?

아이에게 최적화된
학습 수단을 결정하라

공부는 기본적으로 혼자서 책으로 하는 '독학'과 외부 수단의 도움을 받는 '학원/과외/인강'으로 나눌 수 있다. 각 방법의 특징과 장단점을 명확히 알고 있어야 나에게(우리 자녀에게) 맞는 최적의 학습 전략을 짤 수 있다.

모든 공부에 있어 가장 1차적인 방법은 혼자서 책으로 공부하는 것이다. 책에는 공부해야 할 내용에 대한 설명이 자세히 적혀 있기 때문에 사실상 책만 가지고도 충분히 혼자서 공부할 수 있다.

하지만 여기서 문제가 생기는 경우도 많다. 쉬운 내용은 혼자 글을 읽고 이해할 수 있지만, 어렵고 복잡한 내용이라면 혼자 글을 읽고 이해하는 게 어려울 수 있기 때문이다. 이런 경우에는 해당 내용에 관한 누군가의 설명을 들으면 도움이 된다. 학원/과외/인강이 바로 설명을 제공하는 역할을 한다. 선생님이 개념을 설명하고 문제 풀이를 해설해 주는 것이다.

그럼 선생님의 설명이 있으면 모든 것이 해결될까? 그렇지는 않다. 정해진 기간 내에 목표한 공부를 마치기 위해서는 학습 계획을 세우고 이에 맞춰 공부하는 과정이 필요하다.

독학이나 인강의 경우 학습 계획과 진행 관리를 혼자서 해야 한다. 성실하고 자기 주도 학습 능력이 뛰어난 학생들은 충분히 해낼 수 있다. 반면 그렇지 않은 학생들이 독학이나 인강으로 공부한다면 의지가 약해져서 기간 내에 해야 할 것을 해내지 못하는 상황이 많이 발생한다.

이런 문제를 해결하기 위해 학원과 과외에서는 선생님이 학생에 맞는 학습 계획을 세우고 이에 맞춰 학습을 진행하도록 도와준다. 그렇기에 수많은 학생이 학원에 다니거나 과외를 받는 것이다.

학원과 과외에도 차이는 있다. 알다시피 학원은 일대다 방식으로 수업을 진행하지만 과외는 일대일 방식으로 수업을 한다. 그렇기 때문에 맞춤형 학습 계획이 필요하거나 개별적인 설명이 필요한 경우 학원보다는 과외에서 더 큰 도움을 얻을 수 있다.

이렇게만 보면 무조건 학원이나 과외의 도움을 받는 것이 좋아 보인다. 그렇다면 모든 과목을 학원이나 과외를 통해 배워야 할까? 결론부터 말하자면 절대 그렇지 않다. 그렇지 않은 것을 넘어서 그것은 절대 하지 말아야 할 방식이다.

능동적 학습 vs. 수동적 학습

이 문제에 대한 답을 얻기 위해서는 먼저 '능동적 학습'과 '수동적 학습'의 개념을 이해해야 한다. 능동적 학습이란 표현 그대로 내가 무언가를 스스로 주도하여 해내는 것을 의미한다. 반면 수동적 학습이란 외부의 도움에 기반해 배우는 것이다.

일반적으로 능동적 학습은 어렵고 수동적 학습은 쉽다. 글로 된 책을 직접 읽는 것과 누군가 읽어주는 것을 떠올리면 이해하기 쉬울 것이다. 독학은 책을 직접 읽고 이해하고 정리해야 하지만 학원이나 과외, 인강은 선생님이 이해하기 쉽게 정리하고 설명해 주는 것을 듣기만 하면 된다.

단순히 편의성만 생각하면 수동적 학습이 좋게 느껴진다. 하지만 주의해야 할 점이 있다. 그것은 바로 '쉽게 들어온 것은 쉽게 나가고, 어렵게 들어온 것은 쉽게 나가지 않는다'라는 사실이다. 뇌과학적으로 우리가 노력해서 기억하게 된 것은 생존에 필요한 정보라고 여겨

져 장기기억으로 잘 전환되는 반면, 노력 없이 쉽게 들어온 정보는 생존에 필수적이지 않은 정보라 여겨 금방 휘발된다. 그래서 좀 더 수고스럽지만 설명을 듣는 방식보다는 직접 눈으로 읽는 방식이 더 오래 기억에 남는다.

만약 같은 양의 정보를 학습한다면, 글로 된 정보를 직접 눈으로 읽는 것이 누군가의 설명을 듣는 것보다 속도가 훨씬 빠르다. 눈으로는 5분이면 볼 것을 누군가의 설명으로 듣게 되면 적어도 10분에서 길게는 20~30분까지 소요될 수 있다.

수학 해설지를 떠올려 보라. 눈으로 보면 30초면 이해할 수 있는 정도의 풀이 과정을 해설 강의에서는 최소 2~3분 이상 들여 설명한다. 즉 시간 관점에서도 능동적 학습이 수동적 학습보다 효율적이다.

기억과 시간의 영역에서 능동적 학습이 효율적이라면, 우리는 어떤 학습 방식을 우선시해야 할까? 당연히 능동적 학습을 우선순위로 삼아야 한다. 극단적으로 이야기해서, 할 수만 있다면 학원이나 과외, 인강 없이 혼자서 모든 과목을 공부하는 게 가장 효과적이면서 효율적이란 이야기다.

하지만 현실적으로 모든 과목을 혼자서 해내기란 쉽지 않다. 따라서 도움이 필요한 과목과 스스로 할 수 있는 과목을 구분하여 이에 맞게 학습 수단을 선택해야 한다.

'학'과 '습'의 비율은
3:7이어야 한다

    나에게 맞는 최적의 학습 로드맵을 구성하기 위해 중요하게 고려해야 할 사항이 또 있다. 바로 '학'과 '습'의 균형을 유지하며 학습 계획을 구성하는 것이다. 학과 습의 균형이 무엇인지 좀 더 자세히 알아보자.

    공부는 다른 말로 '학습'이라고 한다. 학습이라는 건 '배울 학學'과 '익힐 습習'으로, 배워서 익히는 것까지가 공부의 완성이란 뜻이다. 즉 배우는 것만큼 익히는 것이 중요하다. 공부는 배우는 것에만 중점을 두어서는 안 된다. 반드시 충분히 익히는 시간까지도 고려하여 학습 계획을 세워야 한다. 그렇다면 배우는 것과 익히는 것의 비율은 어느 정도가 적당할까?

배운다는 건 나보다 훨씬 잘 알고 있는 사람에게서 지식을 전달받는다는 뜻이다. 그런데 그걸 한 번 들었다고 다 알 수가 있겠는가. 그 내용을 온전히 내 것으로 만들려면 배우는 시간의 최소 2배 이상의 시간을 익히는 데 들여야 한다.

그런 의미에서 우리는 학과 습의 비율은 3:7이 이상적이라고 본다. 결코 '학'에 쓰는 시간이 '습'에 쓰는 시간을 넘어서는 안 된다. 하지만 많은 학생이 이것을 거꾸로 하고 있다. '학'에 7을 쓰고, '습'에 3을 쓰는 것이다. 인강을 듣기만 하고 복습과 문제 풀이는 제대로 하지 않는다. 일주일을 내내 열심히 학원에 다니고 수업을 듣지만 정작 복습과 숙제를 통해 이를 내 것으로 소화해 내는 '습'에는 시간을 충분히 쓰지 않는다.

'학'에 비해 '습'은 어렵고 고통스러운 과정이다. 그러다 보니 '학'만 하고 끝나는 경우가 대부분이다. 오늘은 학원에 갔다 왔으니까 공부를 다 했다고 생각한다. 수업을 듣고 왔으니 공부를 열심히 했다고 착각한다. 부모님도 학원에 갔다 늦게 집에 돌아오는 아이를 보며 공부를 열심히 하고 있다고 느낀다.

그러나 앞서 이야기했듯 아무리 학원에 열심히 다니고 인강을 많이 듣는다고 해서 그게 바로 내 실력이 되지는 않는다. 반드시 복습하고 직접 풀어보면서 익히는 시간을 충분히 가져야만 진짜 내 실력이 되는 것이다.

　고등학교 때 존경하던 수학 선생님이 들려주신 말씀이 있다. 수학을 잘하는 건 야구를 잘하게 되는 과정과 비슷하다는 것이었다. 야구를 좋아해서 야구 경기를 많이 본다고 해보자. 야구 경기를 많이 보면 야구에 대해서 잘 알게 된다. 그러나 잘 알게 된다고 해서 잘하게 되는 건 아니다. 야구를 잘하려면 야구를 많이 해봐야 한다.

　수학도 마찬가지다. 선생님이 설명하는 것을 많이 들으면 수학에 대해 어느 정도 잘 알게 되는 건 맞다. 하지만 그렇다고 해서 내가 수학을 정말 잘하게 되는 것은 아니다. 그건 별개의 문제다. 잘 아는 것을 기반으로, 직접 연습해 보면서 익히는 시간을 가져야만 한다.

　따라서 학원 시간표를 짜고 학습 계획을 세울 때는 수업을 듣는 것 이상으로 충분히 익힐 수 있는 시간을 고려해 시간표를 구성해야 한다. 학원이 강의 중심의 수업을 한다면 집에서 학원 수업 시간 이상으로 과제를 하는 시간을 확보하자. 스스로 집에서 공부하는 것이 어렵다면 수업뿐만 아니라 과제까지 모두 관리해 주는 학원을 다녀야 한다. 충분히 익히는 시간을 확보하지 않은 채 스케줄을 학원으로만 가득 채운다면 결코 제대로 된 학습이 이루어질 수 없다는 사실을 명심하자.

학원과 과외도
자기 주도적으로 다녀야 한다

무엇을 택하든 중요한 건 아이 스스로가 판단해야 한다는 것이다. 자기 자신이 뭐가 부족하고 뭐가 필요한지 정확히 아는 것도 중요한 역량이다. 그리고 부모도 아이와 충분한 대화를 나누고 평소 모습을 관찰함으로써 이런 점들을 인지하고 있어야 한다.

자신을 잘 아는 아이와 아이를 잘 아는 부모는 학원에 와서도 '우리 아이가 지금 이런 상황이고 이런 점이 부족한데 이러이러한 것을 지금 하는 게 맞을까요?'라고 구체적으로 상의한다. 그러면 우리도 더 구체적이고 효율적인 솔루션을 제공할 수 있다.

많은 부모가 학원에 다니고 과외를 받으면 자기 주도 학습을 하는 게 아니라고 착각한다. 자기 주도 학습을 학원이나 과외 수업과 반대편에 있는 개념으로 생각하는 것이다. 하지만 그렇지 않다. 내 목표를 달성하기 위해 학원이나 과외가 필요하다며 아이가 스스로 판단한 거라면, 그것도 자기 주도 학습이다.

또한 학원에 다니기로 했다면 그때부터는 자기 주도 학습이 필요 없으며 학원에 맡기면 된다고 착각하기도 한다. 그런데 이건 아주 위험한 오해다. 학원에 다니더라도 자기 주도 학습 능력은 매우 중요하다. 자기 주도 학습 능력이 있어야만 나에게 부족한 것이 무엇인지, 그것을 채우기 위해 학원에서 어떤 도움을 받을 건지 판단할 수 있기 때문이다. 같은 학원을 골랐다 하더라도 내가 그 학원을 고른 이유를 명확하게 알고 있어야 한다. 그래야 필요한 부분을 쏙쏙 받아먹을 수 있다.

학원에 다닐지의 여부뿐 아니라 학원에서도 자기 주도적으로 학습해야 한다. 그래야 진정으로 나의 부족한 부분을 보충할 수 있으며 학원을 제대로 활용할 수 있다. 학원은 학생이 어떤 것을 필요로 하는지 열심히 고민하고 채워주기 위해 노력한다. 그러나 본인이나 부모가 느끼는 것만큼 자세하게 파악하고 있지는 못할 수도 있다. 그냥 친구들 따라 유명하다는 학원에 가고, 자신에게 필요한 부분이 아닌데도 학원에서 시키는 걸 생각 없이 한다면 원하는 결과를 얻을 수 없다.

모든 과목을 학원에 다닐 수는 없다. 학원 없이 혼자 공부하는 때도 생기게 마련이며, 학년에 따라 다니는 학원도 달라질 것이다. 따라서 학원을 다니든 안 다니든, 자신의 상황과 수준을 그때그때 파악하고 적절한 공부 방식을 선택할 줄 아는 자기 주도 학습 능력을 키워야한다.

대치동 수학 학원장이
알려주는
수학 공부법

수학 실력이
쌓이는 원리를 파악하라

    누구나 수학을 잘하고 싶어 한다. 하지만 어떻게 해야 수학을 잘할 수 있는지는 잘 모르는 경우가 많다. '수학은 개념이 중요하다'라고 말하는 사람도 있고, '수학은 문제를 많이 푸는 것이 가장 중요하다'라고 말하는 사람도 있다. 그런가 하면 '수학도 결국 암기다'라고 말하는 사람도 있으며, 극단적으로는 '한 문제를 가지고 일주일 동안 고민해 봐야 한다'라고 이야기하는 사람도 있다.

    모든 말이 다 그럴듯하면서도 상충되는 이야기도 섞여 있어서 학생과 학부모로서는 도무지 무엇이 맞는 말인지, 또 어디서부터 어떻게 시작해야 할지 막연할 것이다. 그래서 여기서는 수학 실력이 만들어지는 원리를 단계적으로 설명하여 순서대로 누구나 따라 할 수 있도록 돕고자 한다.

수학 실력이 만들어지는 두 단계

수학 공부는 크게 두 가지 단계로 이루어진다고 정리할 수 있다. 첫째는 '지식 학습'의 단계, 둘째는 '사고력 훈련'의 단계다.

1) 지식 학습

지식 학습의 단계는 먼저 단원에서 알아야 할 필수 개념을 학습하고, 그 개념을 응용하여 답을 낼 수 있게 만든 대표 유형 문제들의 풀이 방법을 익히는 것이다. 쉽게 말해 ① 개념 학습 ② 유형 학습을 하는 것이 지식 학습 단계다.

지식 학습 단계는 '생각하는 재료를 갖추는 단계'라고 할 수 있다. '수학은 사고력이 중요하다'라는 말을 많이 한다. 결국 성적을 가르는 것은 사고력을 요구하는 어려운 문제다. 그렇기에 필수적으로 사고력을 길러 어려운 문제를 풀 수 있는 능력을 갖춰야 한다.

그런데 사고력이라는 것도 사고할 수 있는 '재료'가 있어야 가능하다. 맛있는 요리를 하기 위해서는 기본적으로 식재료와 조리 도구가 필요하다. 식재료를 손질하고 조리하는 기본적인 방법들도 알아야 한다. 같은 식재료를 가지고도 채 썰 수도 있고, 다질 수도 있고, 물에 삶을 수도 있고, 불에 구울 수도 있다. 식재료를 손질하고 조리하는 방법과 여러 조리 도구를 활용하는 방법을 알고 있다면 이러한 방법들을 조합해 다양하고 맛있으며 고차원적이고 창의적인 요리들을 만들어낼 수 있다.

마찬가지로 수학에서도 다양하고 어려운 문제들을 풀어내려면 식재료에 해당하는 기본 개념에 대해 빠삭하게 이해하고 있어야 한다. 그리고 그것이 어떻게 활용될 수 있는지 여러 가지 응용 방법에 대해 알고 있어야 한다. 그래야 어려운 문제가 주어졌을 때 갖추고 있던 지식을 활용해 하나씩 헤쳐나갈 수 있다.

2) 사고력 훈련

지식 학습 단계가 충분히 이루어졌다면 본격적으로 사고력 훈련 단계에 돌입해야 한다. 그동안 배운 지식을 여러 관점과 방식에서 조합하고 활용하면서 다양한 문제를 푸는 연습을 하는 것이다.

간혹 '개념만 잘되어 있으면 어려운 문제도 풀 수 있는 것 아닌가요?'라고 말하는 경우가 있다. 하지만 그렇지 않다. 개념 학습은 심화 문제를 풀기 위한 필요조건이지 충분조건이 아니다. 개념을 잘 이해하고 있는 것과 이를 활용해 어려운 문제를 풀어내는 사고력을 지니고 있는 것은 다른 차원의 문제다. 반드시 사고력 훈련의 과정을 거쳐야만 심화 문제를 풀 수 있는 능력이 길러지게 된다.

이러한 이유로 우리가 진도 위주의 선행 학습보다는 심화 학습이 훨씬 중요하다고 이야기하는 것이다. '일단 진도를 먼저 나가고 심화는 나중에 하면 되지', '높은 학년 것을 선행하면 아래 학년 심화는 알아서 되겠지'와 같은 이야기는 완전히 틀린 말이다.

따라서 자녀를 지도하는 부모님들은 수학 실력이 만들어지는 두 단계를 명확히 이해한 뒤 아이들이 올바른 수학 학습을 할 수 있게 도와주기를 바란다.

선행 학습의
가장 명확한 기준

중학교 3학년 지연이는 학교 수학 시험에서 50점을 못 넘는 수준이었다. 다른 학원을 열심히 다니는데도 학교 성적이 잘 나오지 않으니 조급해진 지연이 부모님은 지푸라기라도 잡는 심정으로 우리 학원에 아이를 데려왔다. 중학교에서 50점도 안 되는 수준이라면, 공부를 아예 안 한 건 아니지만 제대로 안 한 건 확실했다.

우리는 아이와의 상담 끝에 이렇게 말했다.

"고3 수능 볼 때까지 네 인생에 선행은 없다. 그러니까 욕심부리지 말고 지금 과정만 열심히 하는 거야."

대치동에서 선행을 하지 말라고 말하면 많은 부모가 받아들이기 힘들어한다. 그러나 지연이의 부모님은 많은 것을 내려놓았기에 우리 의견을 받아들였다.

이때가 중3 여름이었다. 이 시기에는 보통 고등학교 1학년 선행을 많이 한다. 중학교 성적은 대입에 반영이 안 되고 고등학교도 평준화되어 있다 보니, 중학교 3학년 2학기 성적은 별로 중요하지 않다고 생각하기 때문이다. 그런데도 우리는 지연이가 3학년 2학기에 있을 내신 시험만 계속 준비하도록 지도했다. 7~9월, 석 달 동안 중간고사 공부만 시킨 것이다.

그리고 9월 말에 드디어 중간고사를 봤다. 결과는 95점이었다. 지연이도 지연이 부모님도 믿지 못할 정도로 놀랐지만, 우리로서는 전혀 놀랍지 않은 결과였다. 사실 중학교 시험은 그리 어렵지 않아서 석 달쯤 열심히 하면 누구나 그 정도 성적은 얻을 수 있기 때문이다. 그동안은 시험 전에 한 2~3주만 깔짝깔짝 공부해서 성적이 안 나왔던 것일 뿐이다.

아이는 자기 성적을 보고 좋은 의미에서 충격을 받았다. 공부를 잘한다고 생각했던 친구들, 자기와는 다르다고 생각했던 친구들과 비슷한 성적을 받았으니 말이다. '나도 이 점수가 나올 수 있네'라는 생각이 들면서 자부심과 자존심이 생겼다. 한번 공부에 탄력이 붙으니 지연이는 더 열심히 공부했다. 고등학교에 들어가서도 계속 성실히 공부해서 고3 1학기에는 수학에서 1등급을 받았다.

지연이처럼 평범한 학생들은 반복 학습을 하면 얼마든지 좋은 점수를 받을 수 있다. 일단 높은 점수를 받아 보면 그것을 유지하고 싶다는 마음이 커지고 자신감도 생겨서 더 열심히 공부하게 된다.

그런데 안타깝게도 많은 학생이 높은 성적을 받아볼 기회를 박탈당한다. 섣불리 끼어든 선행이 현행에서 성취를 누릴 기회를 방해하기 때문이다. 현행에서 높은 성적을 받는 경험을 하지 못한 채 결과가 당장 손에 잡히지 않는 3~4년 후의 공부만 하고 있으니, 공부에 재미를 못 느끼고 의욕도 떨어질 수밖에 없다. 부모는 아이를 위해서 하는 일이라고 하지만, 사실은 독인 줄 모르고 아이에게 독을 먹이는 것과 같다.

적절한 선행 학습의 기준은?

수학은 어려워서 미리 해놓지 않으면 안 된다는 인식이 있어 유독 수학 선행 학습에 대한 관심이 많다. 그러나 요새 과도한 선행 학습으로 인한 부작용이 유튜브 등 SNS를 통해 공유되면서 수준에 맞지 않게 선행 학습을 하는 것도 바람직하지 않다 보는 부모님도 많다. 그렇다고 아예 선행 학습을 시키지 않는 것은 불안하다. 그렇기 때문에 무리하지 않으면서 '적절한 선행 학습'을 하는 것에 대한 관심이 커지고 있다.

그러나 적절함의 기준이 너무 모호하기 때문에 학생과 부모님들은 또다시 혼란에 빠지게 된다. 과연 적절한 선행 학습의 기준은 무엇일까?

적절한 선행 학습의 기준을 알기 위해서는 먼저 선행 학습의 목적을 명확히 세워야 한다. 선행 학습의 목적은 나중에 시험을 보게 될 과정을 미리 공부해 둠으로써 향후 시간적 여유를 확보하고, 그만큼 안정적으로 좋은 성적을 거두기 위함이다. 쉽게 얘기해서 '나중에 시험을 잘 보기 위해서 미리 공부하는 것'이다.

언뜻 생각하면 미리 공부해 두면 당연히 나중에 도움이 되니, 가능한 한 미리 당겨서 많이 해둘수록 좋을 것만 같다. 그러나 경험적으로 알게 되듯, 무작정 선행을 많이 한다고 해서 결코 좋은 결과가 나오지 않는다. 오히려 선행을 하지 않고 현행에 집중한 학생보다도 결과가 더 좋지 않은 경우가 많다. 우리는 이러한 문제의 원인을 정확히 파악하여 대처할 필요가 있다.

앞서 수학 실력이 만들어지는 두 단계에 대해서 이야기했다. 수학 실력의 완성은 어려운 문제를 풀 수 있는 사고력을 기르는 것이다. 이것은 앞선 단계인 지식 학습만으로는 길러지지 않는다. 사고력은 별도의 훈련과 연습을 꾸준히 해야만 길러진다.

아이 학년보다 2~3개 학년 이상의 선행 학습을 하는 경우를 보면 주로 충분한 심화 학습 없이 개념과 유형 학습 수준으로 진도를 나가는 경우가 많다. 일부 특출난 학생들은 2~3개 위 학년 과정의 심화도 잘 해내지만 이러한 학생은 극소수다. 대부분의 학생들은 2~3개 위 학년 과정을 미리 공부하게 되면 개념과 기본 유형 수준도 겨우 익히는 경우가 많다. 즉 앞서 설명한 수학 실력이 만들어지는 두가지 단계 중 지식 학습의 단계만 간신히 하는 것이다.

그런데 여기서 문제가 생긴다. 지식 학습 단계를 마치고 그 과정의 심화로 넘어가는 것이 아니라, 또 그다음 과정의 개념 학습으로 진도를 넘어간다는 것이다. 고3 과정에 도달할 때까지 이런 식으로 충분한 심화 학습 없이 진도 위주로 선행을 계속하게 된다.

이렇게 선행 학습을 한 학생들이 제 학년 시험을 볼 때가 되면 좋은 점수를 받을까? 결과적으로는 전혀 그렇지 않다. 앞서 이야기했듯 시험을 잘 보기 위해서는 심화 학습이 잘되어 있어야 하는데, 이러한 학생들은 진도만 나갔지 심화 학습을 통해 사고력을 기르는 훈련은 많이 하지 않았기 때문이다. 결국 선행에 시간은 엄청나게 썼지만 결과는 좋지 않은, 밑 빠진 독에 물을 붓다 독 안이 텅 비어 있는 상황을 마주하게 된다.

앞으로 선행 학습의 기준은
'심화 선행'이다

이러한 비극을 겪지 않으려면 앞으로 선행을 할 때 딱 하나만 기억했으면 한다. 선행이라는 말 앞에 '심화'라는 단어를 붙여 선행의 기준을 '심화 선행'으로 삼는 것이다.

다음 과정을 공부한다는 것은 이전 과정이 충분히 잘되어 있는 경우에만 가능하다. 수학에서 이전 과정이 충분히 잘되어 있다는 것은 이전 과정의 심화 문제도 잘 풀 수 있는 역량이 갖춰져 있단 의미다.

이전 과정의 심화 문제를 잘 풀고 이미 그 과정의 시험을 잘 볼 수 있는 능력을 충분히 갖춘 상태로 다음 과정을 진행한다면, 바람직한 선행 학습이 이루어진다. 이것이야말로 진짜 선행이다. 이렇게 공부하면 현행 시험에서 아무 문제 없이 좋은 성과를 거둘 수 있다.

그렇다면 여기서 '특정 과정에 충분한 심화 학습이 되었는지를 어떻게 판단할 수 있는가?' 하는 의문이 들 것이다. 심화 학습이 잘되었는지를 판단하기 위한 대표적인 방법 두 가지를 안내하겠다.

1) 학교 내신, 교육청 모의고사 기출문제 풀어보기

가장 좋은 방법은 내가 앞으로 보게 될 시험의 기출문제를 풀어보는 것이다. 이것만큼 정확하고 객관적인 판단 기준은 없다. 중학생이라면 내신 기출문제를 풀어서 100점에 가까운 90점대 점수가 안정적으로 나온다면 심화 학습이 잘 이루어졌다고 판단한다.

고등학생의 경우, 학교 내신이 시험에 따라 난이도가 천차만별이고 등급 컷도 차이가 많이 나니 좀 더 객관적인 실력을 파악하기 위해서는 교육청 모의고사를 풀어봐야 한다. 이때 고2나 고3이라면 수능 또는 평가원 기출문제를 풀면 된다.

교육청 모의고사 기출문제는 실제 등급 컷도 나와 있기 때문에 현재 나의 객관적인 실력을 정확히 알 수 있다. 교육청 모의고사 기출문제를 풀었을 때 최소 2등급 이상 나와야 어느 정도 심화 공부가 되었다고 판단한다. 그리고 1등급 대의 성적이 나오면 충분히 심화 학습이 되었다고 이야기할 수 있다.

특히 4점 문항 중 객관식과 주관식 마지막 문항이 가장 난도가 높다. 그러므로 이 두 문제를 모두 맞힐 수 있다면 심화 학습이 정말 잘되었다고 판단할 수 있다. 만약 나머지 문제들은 다 풀었지만 이 두 문제는 손대기 어렵다면, 최상위권을 위한 극심화 학습을 하기에는 아직 부족한 상태라고 진단할 수 있다.

2) 시중 심화 교재를 풀고 정답률 확인하기

시중 교재 중 소위 '심화 교재'로 불리는 교재들이 있다. 중등 과정의 경우『블랙라벨』,『최상위』,『에이급』, 고등 과정의 경우『고쟁이』,『자이스토리(中 4점 문항)』와 같은 교재들이 주로 사용하는 심화 교재다.

심화 교재도 단원 안에 난이도가 나뉘어 있다. 쉬운 문제들이 모여 있는 스텝부터 어려운 문제 위주의 스텝까지 실려 있다. 이 중 심화 문제 중심의 스텝을 풀었을 때 정답률이 최소 절반 이상, 80% 이상 되어야 해당 과정의 심화가 잘되었다고 말할 수 있다.

만약 앞에서 말한 정답률이 나오지 않는다면 해당 과정의 심화 학습이 아직 충분하지 않다고 판단해야 한다. 그런 경우 해당 교재의 틀린 문제들을 복습하고, 비슷한 난이도의 교재 한 권을 더 푸는 것을 추천한다.

심화 학습 정도를 판단할 수 있는 두 가지 방법에 대해 살펴보았다. 누구나 쉽게 해볼 수 있는 방법이니 냉정하게 심화 학습 상태에 대해 진단해 볼 수 있다. 앞으로는 심화 선행을 기준으로 삼아 일명 '진도 빼기'를 위주로 한 선행 학습의 폐해를 부디 겪지 않기를 바란다.

과목 간 밸런스를 맞춰라

여기까지 이야기를 들었다면 또다시 '그렇다면 심화 선행은 얼마나 해야 하는데?'라는 의문이 들 것이다. 할 수만 있다면 무조건 많이 하는 것이 좋은지, 아니면 어느 정도만 되면 괜찮은 것인지 하는 궁금증이 생긴다.

수학만 놓고 봤을 때는 할 수만 있다면 당연히 많이 하는 것이 좋을 것이다. 하지만 우리가 하는 공부는 수학만 있는 것이 아니다. 다른 중요한 과목들도 있다. 특히 국어, 영어 과목은 수학만큼이나 단기간 내에 실력을 끌어올리기 어려운 과목인만큼 실력을 향상시키려면 많은 시간이 필요하다.

그래서 우리는 수학 선행에 대해 고민 상담을 할 때면 항상 "국어와 영어는 잘하나요?"라고 물어본다. 수학은 최대한 미리, 많이 해둬야 한다는 인식이 강해 수학에만 너무 집중해 정작 국어나 영어 실력을 쌓는 것은 소홀히 하는 경우가 많기 때문이다.

하지만 국어, 영어 실력은 부족하지만 수학만 잘한다고 입시에서 좋은 결과를 거둘 수 있는 것이 아니다. 따라서 우리는 반드시 과목 간 밸런스를 고려하여 선행 학습을 진행해야 한다.

수학은 당장 다가올 학기의 심화만 꾸준히 잘해도 고3까지 좋은 성적을 거둘 수 있다. 하지만 당장 앞 학기만 대비한다고 하면 혹시 모를 변수로 인해 불안한가? 그렇다면 그다음 학기까지, 즉 1개년 치에 대한 심화 학습만 잘되어 있으면 아무 문제 없다. 충분히 고3까지 잘할 수 있다. 당장 우리의 사례만 해도 그렇다(우리는 고등학교 입학 시 고1 과정까지만 공부하고 들어갔다). 수많은 학생의 사례가 이를 증명한다.

이 수준 이상으로 선행 학습을 하고자 하는 경우라면 반드시 국어와 영어에 대해서도 그만큼의 실력이 갖춰져 있는지 판단하고 선행 학습을 진행하기 바란다. 국영수 주요 3과목 모두가 안정적인 실력이 갖춰진 상태에서 추가적인 공부를 하는 것이 가장 안전하고 바람직한 공부 방법이다. 사회, 과학은 국영수 실력이 있으면 새학기에 들어가기 직전 방학 때 미리 공부하는 수준으로도 충분히 잘 해낼 수 있을 것이다.

'왜?'라는 질문에
답할 수 없다면
절대 넘어가지 말라

개념 공부만 하고도 응용문제를 수월하게 풀어내는 학생이 있는
가 하면, 배웠던 거지만 다시 풀면 또 못 푸는 학생이 있다. 타고난
응용력과 사고력이 없는 것처럼 느껴지는 학생들은 과연 희망이 없
는 것일까? 이러한 학생들은 어떻게 공부해야 사고력을 기를 수 있
을까?

해답은 있다. 바로 집착적인 수준으로 모든 것에 '왜?'라는 질문을
던지고 답하는 습관을 들이는 것이다. 답할 수 없다면 절대 넘어가
지 말고 반드시 이에 대한 답을 찾아 명확히 이해해야 한다. 이 과정
에서 사고력이 키워진다.

지금은 대학생이 된 제자 중에, 노력만큼은 누구한테도 지지 않지만 수학적인 머리는 타고나지 못한 친구가 있었다. 똑같이 설명해 줘도 제대로 이해하지 못해서 여러 번 다시 설명하고 반복해야만 알아들을 정도로 이해력과 사고력이 부족했다. 고민 끝에 우리는 그 학생에게 이렇게 조언했다.

"앞으로 수학 공부를 할 때 네가 보는 모든 내용에 대해서 '왜'라고 질문해 봐. 명확하게 대답할 수 있으면 넘어가고, 그렇지 않으면 왜 그런지 무조건 이해한 뒤에 넘어가."

해설지를 보든, 주변 친구에게 물어보든, 선생님께 물어보든 어떻게 해서든 이해하고 넘어가라는 말이었다. 해결되지 않는 문제가 있으면 새벽에 연락해도 알려줄 테니 무조건 해결하고 넘어가라고 했다.

그러자 그 학생은 성실한 친구답게 이 조언을 충실히 따라주었다. 남들이 보기에는 비효율적이다 싶을 정도로, 모든 내용을 완벽히 이해하기 전에는 절대 다음 진도로 넘어가지 않았다. 어떻게 해서든 충분히 이해한 다음에야 다음 단계로 넘어갔다. 어느 날에는 새벽 2시에 전화가 걸려 오기도 했다.

"쌤, 해설지를 보는데요, 괄호에 '분모에는 0이 들어갈 수 없으므로'라고 되어 있던데 분모에는 왜 0이 들어갈 수 없는 거예요?"

새벽에라도 전화하라고 했더니 진짜 전화를 하는 우직하고 기특한 친구였다. 이렇게 끈질기게 고민하는 고등학교 시절을 보낸 이 친구는 결국 1학년 때 5등급 수준이었던 내신이 졸업할 때는 2등급까지 상승하는 결과를 거둘 수 있었다. 그리고 원하는 대학교에 장학금까지 받고 합격했다.

'그런가 보다' 하고 넘어가면
실력은 늘지 않는다

많은 학생이 이해되지 않는 내용이 있어도 그냥 '그런가 보다' 하고 넘어간다. 앞의 학생과 같은 상황이라면 새벽에 물어볼 곳도 없으니 '분모에는 0이 들어가면 안 되나 보구나' 정도로 생각하고 지나가지 않겠는가. 하지만 그렇게 하면 이해하는 게 아니라 그냥 결과만을 암기하는 것이다. 이러면 결코 수학적 내용에 대해 깊이 이해하지 못하게 되고, 깊은 이해가 없으니 응용 또한 할 수 없게 된다.

간혹 개념과 유형별 풀이법은 이해하는 게 아니라 암기하는 것이라고 생각하는 학생들이 있다. 이는 매우 위험한 접근이다. 개념의 원리와 문제에서 개념이 어떻게 활용되는지 모든 과정을 이해한 다음 왜 그렇게 되는지 답할 수 있어야 한다. 그래야 이와 유사한 문제가 나왔을 때, 개념이 응용되고 활용될 때 그 원리를 활용하여 문제를 풀 수 있다.

특히 심화 문제를 접하면 도저히 풀이법이 떠오르지 않아서 아예 건드려 보지도 못하고 포기하게 되는 문제들이 있다. 그런 문제의 해설을 보거나 설명을 들을 때 단순히 과정을 따라 계산해 보고 넘어가며 끝내면 안 된다. 각 과정에서 '왜 이렇게 전개되는 거지?', '이 상황에서 왜 이렇게 접근하는 거지?'와 같이 질문하고 이에 대해 명확히 대답할 수 있어야 한다. 그래야 근본적인 사고력이 길러지고, 그와 유사한 문제 상황을 마주했을 때 해결해 낼 수 있게 된다.

수학 공부를 잘하고 싶어 하는 모든 학생, 특히 사고력이 부족해 고생하는 학생이라면 꼭 이 말을 명심해야 한다.

'모든 것에 '왜?'라는 질문을 던져 대답할 수 없다면 절대 그냥 넘어가지 말라.'

끝까지 물고 늘어질 때 생각이 깊어진다

학원에서 학생들을 지도하다 보면 정말 자주 마주하는 상황이 있다. 학생들이 어떻게 풀어야 할지 잘 모르겠다며 못 푼 문제들을 가져오는데, 문제지가 어떠한 고민의 흔적 없이 깨끗하게 비어 있는 경우다.

안 풀리는 문제는 이런 시도도 해보고 저런 시도도 하면서 문제지가 지저분해져 있어야 하는데, 깨끗한 것이 의아했다. 학생들을 관찰해 보니, 문제 풀이를 아예 시도조차 하지 않고 포기했단 사실을 알게 되었다. 문제를 읽자마자 '이건 내가 못 푸는 문제야'라고 곧바로 포기했기 때문에 종이가 깨끗했던 것이다.

또한 이러한 학생들의 공통점이 있었다. 고등학생이라면 3등급 이하이거나, 중학생이라면 80점 이하의 점수를 받는 학생들이 대부분이었다. 상위권을 가르는 어려운 문제를 보자마자 본인의 능력 밖이라 생각하고 지레 포기해 버리니, 고득점은 꿈도 꿀 수 없는 방식으로 공부하고 있던 것이다.

더 심각한 점은 이러한 성향이 어려서부터 반복되어 습관으로 굳어 있었다는 것이다. 그리고 이런 학생들은 본인의 실력에 맞지 않는 진도 위주의 선행을 몇 년간 해오고 있었다.

진도 위주의 선행을 할 때는 빠른 진도에 맞추다 보니 완벽히 이해하지 못하고 넘어가는 경우가 생긴다. 그럴 때 학생들은 유형과 풀이법을 그대로 외웠다가, 문제를 보면서 본인이 아는 문제인지 모르는 문제인지를 구분한다. 외웠던 유형의 문제면 그대로 적용해서 풀고, 처음 본 유형이면 모르는 것이라고 생각해서 시도조차 하지 않은 채 포기한다.

이렇게 공부한 습성이 심화 문제들을 풀 때 고스란히 드러나는 것이다. 심지어 이런 습관은 시간이 지날수록 강화되어 어느 시점이 지나면 돌이키기 어려운 수준까지 가게 된다.

반면 1등급을 유지하는 상위권 학생들의 시험지를 보면, 한 번에 안 풀리는 어려운 문제가 나와도 어떻게든 풀어보려고 이것저것 시도한 흔적이 역력하다. 처음 보는 문제를 푸는 것에 두려움을 느끼지 않고 다양하게 고민하며 풀어보려는 습관이 몸에 배어 있다. 어릴 때부터 무리하게 진도만 나가지 않고, 제 학년의 공부를 깊이 고민하는 과정을 거치며 공부를 해왔기 때문이다.

심화 문제는 본래 한 번에 쉽게 풀리지 않도록 설계되어 있다. 주어진 조건들을 활용해 다방면으로 시도하고 풀이법을 모색해야만 풀린다. 심화 문제를 많이 풀어왔던 학생들은 심화 문제가 한 번에 풀리지 않는다는 것을 알고 있다. 그리고 그간의 경험을 통해 여러 시도와 노력을 하다 보면 풀린다는 것을 알고 있다. 그렇기 때문에 처음 본 문제를 접해도 바로 포기하지 않고 여러 시도를 하며 도전

한다.

　이런 학생들의 모습을 보면서 수학 실력을 가르는 핵심이 바로 여기에 있음을 직감할 수 있었다.

　'끝까지 포기하지 않고 생각해 보는 습관을 지니고 있는가?'

　바로 이것이 수학 실력을 판가름하는 결정적 기준이다. 그리고 이러한 습관은 나비효과처럼 시간이 흐를수록 점점 더 큰 결과의 차이를 만들어낸다.

　심리학의 성격발달이론 중 '상응성의 원리'라는 것이 있다. 이는 어떠한 상황으로 인해 형성된 성향이 그 상황의 반복으로 인해 계속 강화되는 것을 가리킨다. 앞의 상황은 상응성의 원리가 그대로 적용되는 사례다. 이를 통해 수학 실력의 부익부 빈익빈 현상이 발생한다.

　물론 이렇게 형성된 성향을 절대 고칠 수 없는 것은 아니다. 하지만 성향이 강화되어 고정되어 있을수록 고치는 데 훨씬 더 큰 노력이 필요하다.

　우리 아이는 어떤가? 만약 앞의 학생들과 같은 상황이라면, 아이가 심화 문제를 끈질기게 고민하며 풀어내는 습관을 지니도록 지도해 주자.

심화 문제를 풀다가 막혔을 때의 대처법

심화 문제를 풀다 보면 중간에 막히는 경우가 많다. 거의 다 온 것 같은데 막판에 한 발짝을 못 나가는 경우도 있고, 처음부터 어떻게 접근해야 할지 막막한 경우도 있다. 이런 경우에 활용할 수 있는 유용한 문제 풀이 방법 두 가지를 안내하겠다.

1) 주어진 조건을 모두 활용했는지 확인하라

문제를 풀다가 막혔을 때 가장 먼저 해야 할 일은 바로 문제에 주어진 조건을 모두 활용했는지 확인하는 것이다. 모든 수학 문제는 '주어진 조건'이 있고 이를 사용해 답을 구하는 구조로 되어 있다. 대부분의 문제는 불필요한 조건을 주지 않는다. 주어진 조건을 모두 사용해야 풀리게 되어 있다. 즉 괜히 주어진 조건은 없다는 뜻이다.

그런데 학생들은 문제를 푸는 과정에서 이를 모두 사용하지 않고 헤매는 경우가 많다. 특히 어려운 문제의 경우 주어지는 조건의 개수가 많아서 사소한 조건들을 놓치기 쉽다.

제대로 풀어나가고 있는 것 같은데 중간에 막혔다면 주어진 조건 중 활용하지 않은 것이 있을 가능성이 크다. 따라서 이럴 때는 문제를 처음부터 다시 읽어보며 조건을 모두 활용했는지 하나씩 확인해 보자. 놓쳤던 단서를 발견하게 될 것이다.

처음부터 문제를 읽을 때 주어진 조건들 하나하나에 밑줄을 치며 번호를 매기는 방법도 추천한다. 특히 조건들이 여러 개일 때 매우 유용하게 활용할 수 있다. 정수 조건, 자연수 조건, 음수/양수 조건처럼 사소하다고 느껴지는 조건들도 반드시 표시해 놓고 예의 주시해야 한다. 이러한 조건들도 괜히 주어지지 않기 때문이다.

2) 구하고자 하는 것부터 거꾸로 생각해보라

문제에 주어진 조건들을 모두 활용했는데 답이 구해지지 않는다면 이 두 번째 과정도 확인해 보자. 수학 문제는 주어진 조건으로부터 구하고자 하는 것을 구하는 과정이다. 어려운 문제일수록 확인해야 하는 조건도 많다. 그만큼 답까지 가는 길은 경우의 수가 다양하다. 주어진 조건들을 활용해 중간 결과를 도출한 뒤, 이것들을 다시 조합해 결론에 다다르게 되는 것이다. 그런데 조합할 수 있는 경우의 수가 많으니 가야 할 길이 잘 보이지 않는 것도 당연하다.

주어진 조건들로 다양한 시도를 하다 보면 길이 찾아지는 경우가 많다. 하지만 그럼에도 길이 보이지 않는다면, 조건에서 출발하지 말고 구하고자 하는 것에서부터 출발해 보자.

'문제에서 A를 구하라는데, 그러려면 무엇이 필요하지? 그것을 구하려면 또 무엇이 필요하지?'

이런 식으로 필요한 것들을 역으로 생각하다 보면 문제 풀이의 실마리가 쉽게 보인다. 왜냐하면 조건에서 답까지 가는 길의 경우의 수는 다양하지만, 답에서 다시 돌아가는 길의 경우의 수는 그만큼 많지 않기 때문이다.

이것은 항상 사용할 수 있는 것은 아니지만 꽤 많은 문제에서 활용할 수 있는 아주 유용한 방법이다. 부모님이나 선생님들이 학생들에게 심화 문제를 지도할 때 이 두 가지 방법을 가르쳐주고 실제 풀이에 적용하는 연습을 시킨다면, 큰 효과를 볼 수 있을 것이다.

문제 푸는 속도
2배 높이기

시험이 끝나고 학생들에게 듣는 대표적인 멘트 두 가지가 있다.

"아는 건데 실수로 틀렸어요."
"시간만 있으면 풀 수 있었는데 시간이 부족해서 못 풀었어요."

실수를 줄이는 방법에 대해서는 〈내신 시험을 완전 정복하는 법
(250쪽)〉에서 살펴보기로 하고, 여기서는 시간 부족에 대한 이야기
를 해보고자 한다.

평소에는 잘한다고 생각했는데 정작 시험 결과는 좋지 않은 학생

중 많은 경우가 시간 부족 문제를 겪는다. 평소에 공부할 때는 시간 제한이 없기 때문에 충분히 고민하며 문제를 풀어낸다. 하지만 시험 때는 시간이 정해져 있다 보니 제한된 시간 내에 문제를 다 풀지 못하거나 급하게 푸느라 실수하게 된다.

시험에서는 제한된 시간 내에 모든 문제를 푸는 능력이 좋은 성적을 얻는 데 큰 영향을 미친다. 그러므로 평소부터 문제 풀이 속도를 높이기 위한 연습을 해야 한다. 어떻게 하면 문제 풀이 속도를 높일 수 있을까?

1) 해설지로 더 나은 풀이법 공부하기

수학 문제는 풀이 방법이 한 가지가 아닌 경우가 많다. 같은 문제도 2~3분 만에 풀 수 있는 방법이 있는가 하면 10분 이상 걸리는 풀이법도 있다. 당연히 우리는 2~3분짜리 풀이법을 익혀야 한다. 그렇다면 어떻게 더 나은 풀이법을 배울 수 있을까?

가장 좋은 방법은 해설지를 보고 풀이를 비교하는 것이다. 정답을 맞힌 문제까지 말이다. 대부분 해설지에는 최적의 풀이가 실린다. 해설지를 보며 더 나은 풀이법을 익히면, 같은 풀이더라도 식을 더 깔끔하게 전개해 나가는 법을 배울 수 있다. 만약 내 풀이가 해설지와 같다면 내 풀이 방법에 대한 확신을 가지고 넘어가면 된다.

학생들이 한 번 맞힌 문제를 다시 공부하는 일은 거의 없다. 그러나 이는 내 풀이를 개선해 주고, 더 나은 풀이를 통해 문제 푸는 속도도 단축해 주는 매우 유용한 수단이 될 것이다.

2) 유형 및 조건 활용법 마스터하기

문제 풀이 시간을 줄일 수 있는 또 다른 방법은 문제 유형 및 조건 활용법을 빠삭하게 꿰고 있는 것이다. 수학에는 단원마다 나오는 문제 유형이 있어서, 이를 미리 익혀두면 시험에서 훨씬 빠르게 문제를 풀 수 있다. 마치 암기과목처럼 문제를 보자마자 풀이법을 바로 떠올려야 시간을 단축할 수 있다. 여기서 번 시간을 어려운 문제를 고민하는 데 투자해야 한다.

어려운 문제들은 보통 하나의 풀이법만으로 풀리지는 않는다. 그렇지만 여기서도 시간을 단축할 수 있는 방법이 있다. 바로 '조건 활용법'을 다양하게 익혀두는 것이다. 특정 조건이 나오면 어떻게 활용하는지 정리해 두면, 문제가 변형돼서 나오더라도 그 안에 제시된 조건들을 활용해 풀어낼 수 있다.

평소 공부할 때 내가 몰랐던 조건 활용법이 나온다면 적어놓은 뒤 반복해서 익혀두어야 시험장에서 봤을 때 바로 활용할 수 있다. 예를 들어, 도형 문제 중에는 보조선을 그려서 푸는 경우가 많다. 이 보조선을 그리는 것에도 다양한 방법이 있다. 이러한 방법들을 미리 완벽하게 익혀두면 보조선을 그려서 풀어야 하는 문제를 만났을 때 빠르고 쉽게 문제를 풀 수 있다.

3) 필수 학습 자료는 외우는 수준으로 공부하기

필수 학습 자료를 외울 정도로 익혀두는 것도 문제 풀이 속도를 높이는 방법이다. 학교 시험에는 선생님이 주는 자료에서 나오는 문제뿐만 아니라 처음 보는 문제들도 출제된다. 그럴 때는 미리 공부한 학교 자료에서 나오는 문제들을 최대한 빨리 푼 다음, 처음 보는 문제에 시간을 쏟아 풀어내는 전략이 중요하다.

이를 위해서는 미리 대비할 수 있는 자료에 대해서는 외우는 수준으로 공부해 두어야 한다. 교과서나 학교 프린트에 있는 문제라면 보자마자 바로 풀 수 있도록 반드시 여러 번 반복해서 연습해 두자.

4) 시간을 재면서 '타임어택' 연습하기

문제 푸는 속도가 느린 학생들을 관찰해 보면 애초에 생각을 느긋하게 느릿느릿 하며 문제를 푸는 경우가 많다. 평소 문제 풀던 습관이 시험장에서 그대로 나오기 때문에 이러한 습관이나 성향은 개선해야 한다. 평소에 공부할 때도 시간을 재고 문제를 푸는 연습을 하면 도움이 된다. 예를 들면 다섯 문제에 10분씩 타이머를 설정하고 의식적으로 집중해 빠르게 풀어내는 연습을 하는 것이다.

또는 한 문제를 풀 때마다 얼마나 걸리는지 스톱워치로 재면서 풀어보는 것도 좋다. 스톱워치를 켜고 가능한 한 빨리 풀기 위해 의식적으로 노력하자. 만약 시간이 너무 오래 걸렸다면 풀이법을 떠올리지 못해 고민이 길어진 경우일 수 있다. 따라서 시간이 오래 걸린 문제라면 답을 맞혔더라도 반드시 해설지를 확인하여 시간을 단축할 수 있는 풀이법을 공부하자.

이렇게 시간을 재면서 문제를 푸는 연습을 꾸준히 하다 보면 점차 푸는 속도가 빨라지는 것을 느낄 수 있을 것이다.

5) 기출문제로 실전 연습하기

앞서 이야기한 방법들로 시간 단축 연습을 했다면 마지막으로 실제 시험과 같은 형태로 실전 연습을 하는 과정이 필요하다. 이때는 스톱워치를 켜고 한 문제를 풀 때마다 시계에 찍힌 시간을 기록한다. 한 문제씩 새로 리셋하며 시간을 재는 것이 아니라 시간이 계속 흘러가게 두면서 문제를 풀었을 때 보이는 시간을 기록하면 된다. 이렇게 문제를 풀면 두 가지 효과를 거둘 수 있다. 첫째, 시간 분배에 대한 감을 잡을 수 있으며 둘째, 문제당 걸린 시간을 파악할 수 있다.

몇 번 문제까지 푸는 데 몇 분이 걸렸는지를 확인하여 실제 시험에서 시간 분배를 어떻게 해야 할지 미리 전략을 세우자. 이렇게 하면 만약 시간 분배 계획에 맞지 않게 오래 걸리는 문제를 만났을 경우, 일단 건너뛰고 나머지를 먼저 마무리하는 등의 전략을 실행할 수 있다.

그리고 연습 과정에서 문제별로 시간을 측정하면 특히 오래 걸린 문제 유형을 확인할 수 있게 된다. 시간이 오래 걸린 문제는 풀이 방법을 바로 떠올리지 못했거나, 풀었더라도 시간이 오래 걸리는 방식으로 푼 문제일 가능성이 크다. 이런 문제들은 반드시 다시 풀어보면서 구멍을 메우자.

실력을 기르는 것만큼 중요한 것이 실전에서 제한된 시간 내에 문제를 푸는 능력을 기르는 것이다. 무작정 많이 푼다고 속도가 늘 것이라 기대하면 안 된다. 지금까지 알려준 방법대로 하면 문제 풀이 속도를 전략적으로 늘려나갈 수 있다. 실전에서 시간이 부족해 아쉬운 상황을 겪지 않도록, 평소에 이 방법대로 반드시 연습해 보길 바란다.

노베이스에서 성적이 급상승하는 공부법

　여러 이유로 한동안 공부를 소홀히 해서 당장 다가올 학기 과정의 공부를 해야 하는 순간에 발목을 잡히는 경우가 있다. 마음먹고 공부하고자 하지만 쉽지 않은 상황이다. 우리는 이러한 상황에 놓인 학생들을 '노베이스 no base'라고 부른다.

　특히 수학은 과정 간 연계성이 큰 과목이다 보니 이전 과정이 제대로 되어 있지 않은 상황에서 다음 과정을 진행하기가 어렵다. 그렇다고 이전 과정들을 모두 다시 공부하자니 시간이 너무 오래 걸려서 막막하다. 이런 상황이라면 어떻게 해야 할까? 노베이스를 극복하기 위한 세 가지 방법을 안내하겠다.

1) 이전 과정은 핵심 위주로 빠르게 공부하기

노베이스 학생들의 가장 큰 딜레마는 이전 과정을 공부해야만 현재 과정을 이해할 수 있는데, 그렇다고 이전 과정을 공부하자니 시간이 너무 없다는 점이다. 이런 상황에서는 어떻게 해야 할까?

최선의 방법은 이전 과정의 핵심을 최대한 빠르게 공부하는 것이다. 만약 중등 과정이 부실한 고1 학생이 중학교 3개년 치 교재를 모두 다시 공부한다면 얼마나 많은 시간이 걸리겠는가? 아마 한 학기 내내 중등 과정만 해도 끝내기 어려울 것이다. 그러면 현행 학기는 날려버리게 된다.

따라서 이런 경우에는 중등 과정의 총정리 교재 또는 가장 쉬운 수준의 교재에서 개념 부분만 모아 공부하는 것을 추천한다. 물론 이것만 하면 이전 과정에 대한 공부가 충분히 된다고 할 수는 없다. 하지만 현행 과정 공부를 위한 최소한의 기반은 쌓을 수 있게 된다.

이런 방식으로 공부하면 중등 전 과정을 한 달에서 두 달만에 한 번 쭉 살펴볼 수 있다. 학기 시작 전이라면 방학을 이용하여 공부를 진행하고, 학기 중이라면 시험 기간이 아닐 때를 이용해서 빠르게 살펴보자. 노베이스 탈출의 시작은 이처럼 이전 과정의 핵심을 빠르게 공부해서 최소한의 기반을 만드는 것이다.

2) 현행 과정은 가장 쉬운 교재로 시작하기

이전 과정에 대한 최소한의 기반이 만들어졌다면 현행 공부를 시작해 보자. 이때 주의해야 할 사항이 있다. 바로 교재 선정이다. 처음 개념을 익힐 때는 보통 『개념 원리』, 『수학의 정석』과 같은 개념서로 시작하는 경우가 많다. 그러나 노베이스 학생이 개념서로 시작하는 것은 적절하지 않다. 왜냐하면 일반적인 개념서에는 쉬운 문제뿐 아니라 응용 수준의 문제도 같이 들어 있기 때문이다. 책에 있는데 안 하기도 그렇고, 하려고 하니 이해가 안 되어서 시간이 너무 오래 걸린다. 결국 지쳐서 공부하다 포기하게 된다.

노베이스 학생들에게 중요한 것 중 하나는 바로 자신감을 되찾는 일이다. 이를 위해서 처음 공부하는 과정은 가장 쉬운 교재로 시작해야 한다. 모든 과정마다 '연산서'라고 불리는 교재들이 있다. 기초 개념과 이를 적용한 연산 수준의 문제들만 모여 있는 교재다. 노베이스의 학생이더라도 이전 과정에서 최소한의 기본을 쌓아 놓았다면 연산 수준의 문제들은 풀 수 있다. 그러면 이를 통해 현행 과정의 기본 개념을 익힐 수 있다.

실제로 지도했던 학생 중에 중학생 때까지 공부와 담을 쌓고 지내다가 고등학교에 들어와서 공부를 시작한 학생이 있었다. 고1 1학기였는데 중1 때 배우는 일차방정식조차 풀지 못하는 학생이었다. 우리는 앞에서 말한 것처럼 그 학생에게 중학 과정의 가장 기본이 되

174

는 핵심만 빠르게 알려주고 고1의 가장 쉬운 교재로 넘어갔다. 그리고 조금이라도 어려운 문제는 모두 생략하고 가장 쉬운 수준의 문제인 연산 문제들만 모아서 풀도록 했다.

이 학생은 노베이스였지만 연산 수준의 문제는 꽤 잘 맞혔다. 그러자 놀랍게도 이 친구 입에서 "선생님, 생각보다 수학 공부는 할 만한 것 같아요. 은근히 재밌는데요?"라는 말이 나오기 시작했다. 그 전까지만 해도 '다른 건 진짜 어떻게든 하겠는데 수학은 도저히 못하겠어요. 진짜 수학은 저랑 너무 안 맞는 것 같아요'라고 말하던 학생이었는데 말이다. 그렇게 공부를 시작해서 하나씩 쌓아갔고, 나중에는 모의고사 4점짜리 문제들도 풀어서 한두 개씩 맞춰나가는 수준까지 실력이 올라갔다.

이처럼 아무리 노베이스 학생이라도 수준에 맞게 공부하면 누구나 다 해낼 수 있다. 마음이 급하다고 바로 남들이 하는 것, 어려운 것을 하려고 한다면 시작조차 못 하고 포기하게 된다. 반대로 여유를 갖고 쉬운 것부터 시작하면 충분히 해낼 수 있다. 그리고 '나도 할 수 있네, 하니까 되네' 하며 자신감을 가지게 된다.

3) 모르는 것은 시간이 걸려도 꼭 이해하고 넘어가기

마지막으로 노베이스 학생들이 중요하게 실천해야 할 지침은 완벽히 모르는 것은 시간이 걸려도 꼭 이해하고 넘어가는 습관을 지녀야 한다. 앞서 안내한 단계에 따라 공부했다면, 이전 과정의 공부는 최소한만 이루어졌을 것이다. 현행 과정을 막힘없이 수월하게 해낼 정도의 충분한 기반이 갖춰진 상태는 아니다. 현행 개념을 익히거나 문제를 풀다 보면 막히는 순간이 있을 것이다. 이는 대부분 이전 과정의 구멍에서 기인한다.

이때 중요한 것은, 바로 그렇게 막혔을 때 이를 그냥 넘기지 않고 시간이 걸리더라도 반드시 해결하고 넘어가는 것이다. 물론 이 과정은 다소 고통스럽고 많은 시간이 필요하다. 하지만 이게 이전 과정의 구멍을 채울 수 있는 유일한 방법이다. 동시에 이전 과정의 구멍으로 인해 발생할 문제를 줄여줄 가장 효과적이고 효율적인 방식이다.

이전 과정의 구멍 때문에 막힌 상황에서 그냥 넘어간다면 나중에 또 발목 잡히게 된다. 이는 계속 반복되어 앞으로 더 나아가지 못할 뿐더러, 반복되는 문제로 훨씬 더 고생하여 스트레스를 받게 된다.

반대로 지금 귀찮아도 완벽하게 이해하고 넘어가려고 하면 그 과정에서 이전 과정의 구멍이 채워지게 된다. 그리고 이후 과정을 공부하다가 그 부분이 나오면 이제는 알고 있으니 원활하게 공부를 진행해 나갈 수 있게 된다.

이전 과정에서 최소한의 기반만 가지고 현행으로 넘어온 학생들은 분명히 이전 과정을 충분히 하지 않은 것에 대한 불안감이 있을 것이다. 이를 가장 확실하게 해결할 방법은 모르는 것이 나왔을 때 회피하지 않고 완벽히 알고 넘어가는 것이다. 이 과정을 계속 반복하다 보면 이전 과정의 구멍이 어느새 메워져 있을 것이다.

노베이스라고 해서 '나는 안 될 거야', '이미 늦었어'와 같은 부정적인 생각을 할 필요는 없다. 노베이스에서 성공한 수많은 사람이 이미 존재한다는 건 노베이스도 충분히 성공할 방법이 있다는 뜻이다. 중요한 건 할 수 있다는 자신감을 가지고 올바른 방법으로 꾸준히 노력하는 것이다.

지금까지 이야기한 세 가지 방법을 제대로 실천한다면 분명히 머지않아 노베이스에서 탈출하여 원하는 수준에 이를 수 있을 것이다. 만약 우리 아이가 노베이스라서 좌절감에 빠져 있다면 이 글을 보여주자. 그리고 자신감을 가지고 도전하도록 격려해 주자.

입시 영어,
이렇게 정복하라

영단어를 효율적으로 외우는 비법

    초등 시기부터 곧바로 입시 영어를 시작할 필요는 없다. 초등 저학년 때는 영어를 어려워하지 않고 친숙해지도록 환경을 만들어주는 것으로 충분하다. 다만 초등 고학년부터는 점차 시험으로서의 영어를 준비해야 한다. 여기에서는 영단어 암기부터 시작하여 차근차근 영어 실력을 쌓으며 입시 영어까지 정복하는 단계를 소개하겠다.

    영어는 기본적으로 언어다. 지능이나 학업 수준과 상관없이 자기 나라 언어는 누구나 한다. 많이 듣고 쓰고 말하면 누구나 익힐 수 있는 게 언어다. 모국어가 아니라도 그만큼 노력하면 무조건 습득할 수 있다. 그러니 지금 영어 성적이 안 나온다고 좌절할 필요는 없다.

그럼 영어 공부는 어디서부터 시작하면 될까? 이건 아주 명확하다. 영어 노베이스라면 무조건 단어를 많이 외우는 것부터 시작해야 한다.

물론 단어만 많이 안다고 다 해결되는 건 아니다. 그러나 기본적으로 단어를 알면 반 이상은 해결된다. 문장은 결국 단어의 나열이므로, 문장 구조를 잘 몰라도 단어들 뜻만 알면 대략적인 내용은 유추가 된다.

단어를 다 아는데도 해석이 안 된다면 물론 문법 공부를 해야 한다. 하지만 단어를 모르면서 문법 공부부터 하는 건 걷지도 못하는 상태에서 뛰려고 드는 것과 같다. 어휘력이 어느 정도 있는 상태에서 문법을 공부해야 훨씬 더 빨리 익힐 수 있다.

우리 형제도 초등학교 6학년 때까지는 영어 공부를 그렇게 많이 하지 않았다. 그래서 영어 공부를 해보겠다고 무턱대고 『해리 포터』 시리즈 원서를 샀다. 그런데 한 쪽을 읽는 데 너무 오래 걸리는 게 아닌가. 당연했다. 모르는 단어투성이니까. 단어를 찾아봤는데도 해석이 안 돼서 두세 장 읽다가 포기했던 기억이 있다.

애초에 노베이스인데 처음부터 문법, 독해, 듣기 공부를 동시에 마스터하려고 하지 말라. 그러면 얼마 못 가 포기하기 쉽다. 우선은 다 접어두고 단어만 외우는 걸 추천한다. 단어는 공부하는 방법도 제일 쉽다. 문법은 이해해야 하지만 단어는 그냥 외우면 되지 않은가. 이런 의미에서도 영어 공부는 단어 암기부터 시작하기를 추천한다.

단기간에 영단어를 효율적으로 외우는 법

단어장은 여러 권을 보는 것보다 한 권을 사서 여러 번 보는 게 훨씬 중요하다. 단어는 한 번 봤다고 해서 다 외워지지 않기 때문이다. 단어장에 대부분 모르는 단어가 있다고 했을 때, 사람마다 차이는 있겠지만 한 번 보고 나서 기억에 남는 것은 채 30%도 되지 않을 것이다. 다시 말해 단어장을 한 번 보고 그냥 넘어간다면 거기에 있는 단어 중 70%는 그냥 모르고 넘어가게 된다.

대략적으로 처음 볼 때 30%가 기억이 난다고 하면, 두 번째 볼 때는 절반이 좀 더 넘게 기억이 나고, 네다섯 번은 봐야 비로소 80~90% 이상 기억하게 될 것이다. 이미 아는 단어가 꽤 많은 단어장이라면 더 적은 횟수로도 가능하겠지만, 그렇더라도 최소 3번 이상을 반복해서 봐야 그 단어장에 있는 단어를 90% 이상 기억할 수 있다.

따라서 단어장을 공부할 때는 절대 한 번에 완벽하게 외우겠다고 생각해선 안 된다. 여러 번 반복하면서 다 외워질 때까지 본다는 마음가짐으로 접근하는 것이 좋다.

단어를 공부할 때 처음에는 단어와 뜻을 같이 본다. 그다음에는 뜻을 가리고 단어만 보면서 뜻을 떠올려 본다. 나는 보통 한 페이지 단위로 단어를 외우고 난 뒤, 해당 챕터(많은 단어장이 일 기준으로 구성되어 있다)의 끝까지 갔을 때 챕터의 처음으로 다시 돌아와 뜻을 가리고 다시 외우는 방식으로 공부했다. 그러다가 뜻이 생각나지 않는 것은 체크 표시를 해두고 다시 그것들만 외웠다. 처음부터 끝까지 모르는 단어가 없을 때까지 이를 반복했다.

그런데 여기서 주의할 점이 있다. 단어장으로 공부하다 보면 단어의 정확한 발음을 모르게 된다. 발음 기호가 있지만 이를 읽는 법을 모르기도 하고, 발음 기호를 안다고 하더라도 실제 소리를 듣는 것이 아니기 때문에 제대로 알 수 없다. 단어의 발음을 제대로 모르면 추후 독해를 할 때 문제가 된다. 특히 듣기를 할 때는 더 심각한 문제가 발생할 수도 있다.

이를 해결하기 위한 좋은 방법은 바로 영단어 학습 앱을 활용하는 것이다. 시중에 유명한 단어장들이 앱에 수록되어 있어 단어의 발음과 뜻을 소리로 들려주며 같이 공부할 수 있도록 만들어져 있다. 또한, 테스트 기능까지 있어 이동 시간이나 자투리 시간을 활용해서 쉽고 편하게 단어를 공부할 수 있다.

독해로 이어지는 영단어 공부법

단어장으로 공부를 하다 보면 자주 발생하는 문제가 있다. 바로 단어의 뜻은 외워서 알고 있지만 문장 내에서 이를 자연스럽게 해석하지 못하는 경우다. 단어는 문장에서 단독으로 쓰이지 않고 항상 다른 단어들과 같이 조합되어 의미를 이룬다. 따라서 단어의 뜻을 통해 문장을 이해하려면 해당 단어가 문장에서 어떻게 의미를 이루는지를 알아야 한다.

그러므로 단어 공부의 가장 좋은 방법은 문장을 통해 모르는 단어를 공부하고 그 단어의 쓰임새를 익히는 것이다. 이렇게 익혀야 해당 단어를 다른 문장들에서도 제대로 활용할 수 있다. 맥락을 통해 기억하기 때문에 머릿속에도 훨씬 잘 남는다. 단어장에 항상 예문이 나오는 이유다.

그럼에도 노베이스 학생들에게 단어장을 추천한 이유는 아직 모르는 단어가 너무 많기 때문이다. 문장으로 단어 공부를 시작하려고 하면 힘들어서 포기하기 쉽다. 앞서 언급한 『해리 포터』 일화처럼, 문장을 읽는데 모르는 단어가 절반이 넘는다면 단어의 뜻을 일일이 찾다가 포기하는 상황이 벌어질 수 있다.

이러한 문제를 해결하기 위해 단어와 독해를 한꺼번에 공부할 수 있도록 나온 교재가 있다. 바로 『단어가 읽기다』이다. 사실 이 교재는 우리 어머니가 운영하는 학원에서 아이들의 단어 학습에서 볼 수 있는 고질적인 문제를 해결하기 위해 서점에서 시중에 나온 모든 교재를 뒤져보다 발견하게 된 것이다. 단어장과 독해 책을 섞어놓은 듯한 구성으로 되어 있다.

단원이 주제별로 구성되어 있는데, 해당 주제와 관련된 단어들을 먼저 공부한 다음 넘어가면 그 단어가 적용된 문장들을 익히게 된다. 이 문장들을 공부하고 나면 그 문장들로 이루어진 독해 지문을 익히는 식으로 반복하고 심화하며 배운다.

이러한 구성을 통해 단계적으로 단어 학습부터 단어가 문장에서 사용되는 독해 과정까지 자연스럽게 공부할 수 있다. 보통 단어장 따로, 독해 책 따로 공부하느라 시간도 두 배로 걸리고 앞서 이야기한 것처럼 단어와 문장을 별도로 공부했을 때의 문제도 발생한다. 그런데 이 책은 한 권의 교재로 단어 학습부터 독해 공부까지 할 수 있으니, 노베이스 학생들에게는 최적의 교재라고 할 수 있다.

단연코 영어 공부의 시작은 단어 학습이다. 노베이스 학생이라면 이것저것 복잡하게 생각하지 말고 일단 수준에 맞는 단어장을 하나 정한 뒤 완벽하게 외운다는 목표를 잡고서 공부해 보자. 이것만 해도 반은 성공이다.

단어는 아는데 해석이 안 되면
구문을 해결하라

단어를 알면 문장의 절반은 아는 것이라 할 수 있지만, 단어만 안다고 문장이 완벽히 이해되는 것은 아니다. 특히 학년이 올라가며 문장이 길어지면서 점점 더 단어만 가지고 해석하기는 어려운 상황이 된다.

단어를 아는데도 해석이 안 되는 경우는 바로 '문장 구조'를 모르기 때문이다. 문장 구조란 단어들이 문장에서 쓰이는 역할을 기반으로 문장이 이루어져 있는 방식을 말한다. 엄밀한 의미에선 다르지만 쉽게 생각하면 문법이라 할 수 있다.

문법이란 문장이 만들어지는 법칙을 의미한다. 문장이 어떻게 만들어지는지, 문장 내에서 단어들이 어떤 관계를 이루어 문장의 의미를 형성하는지 공부하는 것이 바로 문법과 문장 구조 공부다. 이때 문장 구조를 줄여서 '구문'이라고 부른다.

단어의 뜻을 알았다면 그들이 어떻게 관계를 이루어 의미를 만들어내는지 구문을 공부해야 한다. 단어와 구문을 알면 문장을 완벽하게 해석할 수 있다.

이렇듯 문법과 구문은 영어 공부에 있어서 매우 핵심적이고 중요한 요소다. 하지만 학생들은 문법이라는 단어만 들어도 지루해하고 머리 아파한다. 학창 시절 우리 형제도 문법 공부하는 것을 정말 싫어했던 기억이 있다. 그러다 고2에서 고3으로 넘어가던 시절에 누가 시키지도 않았는데 열심히 문법과 구문을 공부했었다.

왜 그랬을까? 고득점을 위해 독해 공부를 하는 과정에서 문법 공부의 필요성을 뼈저리게 깨달았기 때문이다. 사람은 스스로 필요성을 느끼지 못하면 일에 능률이 오르지 않는다. 반면 필요성을 체감하면 스스로 찾아서 한다.

우리나라의 문법 교육은 딱 위와 같은 맥락에서 문제가 발생한다. 우리나라 문법 교재들을 보면 대부분 먼저 문법 개념이 나오고, 그다음에 문법 문제를 풀도록 되어 있다. 그런데 이 문법 문제란 것은 실제 활용을 위해 만들어진 문제가 아니다. 오로지 시험 대비를 위해 시험에서 나오는 문제와 같은 형태로 구성되어 있다. 문장에

빈칸을 뚫어놓고 '다음 중 알맞은 것을 고르시오' 또는 '둘 중에 옳은 것을 고르시오'와 같이 단편적인 문법 지식을 물어보는 형태로 이루어진 것이다.

이게 바로 학생들이 문법 공부를 기피하는 원인이다. 문법을 공부하는 근본적인 이유는 문장이 구성되는 원리를 이해함으로써 문장을 해석하거나 만들어내기 위함이다. 그런데 문법 교재의 문제들은 이러한 목적과 무관하게 시험 대비를 위해 단편적인 지식을 알고 있는지를 물어보고 있으니, 학생들 입장에서는 필요성을 공감하기 어렵고 재미가 없다. 문장 전체가 숲이라면 문법 교재의 문제들은 숲이 아닌 그 안에 있는 나무들만 보게 되어 있는 것이다.

문법과 구문 공부를 제대로 하는 방법

문법과 구문 공부의 가장 좋은 방법은 해당 문법 및 구문 요소가 들어간 한글 문장을 보고 영작을 해보는 것이다. 처음에는 영어 원문과 같이 보며 외운다. 어느 정도 암기가 되었다면 다시 한글만 보고 영어로 써본다. 이렇게 하면 해당 문법과 구문이 완전히 체득된다. 그래서 해당 요소가 활용되는 독해와 읽기는 물론이고 이를 활용해 원하는 문장을 만들어내는 말하기도 할 수 있게 된다.

이 방법을 실제로 활용해 엄청난 효과를 본 사례가 있다. 원어민에 버금가는 영어 실력을 지닌 150만 유튜버 '츄더'의 사례다. 츄더의 본명은 문에스더로, 알고 보니 그의 아버지는 EBS 등 다양한 교육 프로그램에서 재미있고 쉽게 영어 회화를 알려주는 것으로 한때 유명했던 문단열 선생님이었다.

아버지가 유명한 영어 선생님이니 그 딸이 영어를 잘하는 것이 당연하다고 생각되겠지만, 그 뒤에는 놀라운 비하인드 스토리가 있었다. 문단열 선생님은 '공부는 본인이 의지가 생길 때 시켜야 한다'라는 확고한 교육관이 있어서 어려서부터 영어 공부를 억지로 시키지 않았다고 한다. 그랬더니 진짜로 공부를 하지 않아서 중학교 3학년 때는 담임 선생님으로부터 영어 학습 상태가 너무 심각하다는 이야기까지 들었다고 한다.

그러다 고등학교 2학년이 된 츄더는 심각성을 깨닫고, 아버지에게 영어 공부를 해보려는데 어떻게 해야 하냐고 물어봤다고 한다. 그때 문단열 선생님이 알려준 핵심 방법이 바로 영작을 통해 문법을 학습하는 것이었다.

문법책 한 파트를 공부하면 그곳에 있는 예문을 노트에 모두 옮겨 적는다. 왼쪽에는 한글, 오른쪽에는 영어 문장을 쓴다. 그리고 영어 문장을 외운 다음 마치 단어를 외울 때처럼 오른쪽 영어 문장을 가리고, 한글만 본 채 영어 문장을 말해본다.

이런 방식으로 해당 파트에 있는 모든 예문의 한글 문장만 보고도 영어로 바로 말할 수 있게 외우며 책 한 권을 공부했다고 한다. 그렇게 두 달간 공부하고 학교 시험을 쳤는데 그 결과는 놀라웠다. 영어는 원래 중하위권의 성적이었는데, 바로 그 시험에서 전교 1등을 한 것이다.

이처럼 문법은 결코 별도 과목으로 존재하는 것이 아니다. 독해, 영작 등 문장의 활용을 통해 자연스럽게 체득되어야 한다. 그렇게 체득된 문법과 구문을 통해 처음 보는 문장도 해석해 내고, 원하는 문장을 만들어내게 되는 것이다.

정리해 보자. 영어 공부를 이제 막 시작하는 학생이라면 먼저 단어 공부를 하고, 그다음에 문장 구조를 공부해야 한다. 그리고 앞서 이야기했듯 문장 구조는 가능한 영작을 통해 체득하자. 단어 따로, 문법 따로, 독해 따로 배우는 기존의 비효율적인 공부가 아니라 이 모든 것이 서로 유기적으로 연결되는 진짜 영어 공부를 해나가길 바란다.

독해 실력을
획기적으로 키우는 방법

    우리나라 수능 영어는 총 45문항으로 구성되어 있으며 그중 17문항은 듣기, 28문항은 독해로 이루어진다. 독해 28문항 중 어휘, 어법이 총 3문항을 차지한다. 나머지 25문항은 지문에 대한 이해를 기반으로 한 다양한 형태의 독해 문제로 구성된다.

    듣기 문제와 어휘, 어법 문제를 합치면 총 20문항가량으로, 전체 수능 영어 문제의 절반에 가까운 양이다. 그러나 2023학년도 수능 기준 EBS에서 공개한 영어 문항별 '오답률이 가장 높은 10가지 문제' 중에서 듣기·어휘·어법 문제는 단 하나도 없었다. 그 말은 곧 우리나라 수능 영어에서 1~2등급의 최상위권은 곧 독해 실력에 의해 결정된다는 뜻이다. 듣기와 어휘, 어법도 물론 중요하지만 앞서 말한 맥락을 보면 사실상 우리나라 수능은 독해 시험이라고 불러도 될 정도로 독해가 단연 압도적으로 중요하다. 이에 따라 등급이 결정된다고 봐도 무방하다.

그렇다면 독해 실력을 기르는 데 가장 중요한 것은 뭘까? 그건 당연히 영어 문장 해석 능력이다. 간혹 '저는 해석은 어느 정도 되는데 문제를 풀면 틀려요'라고 말하는 학생들이 있는데, 이 말은 틀렸다. 만약 문제를 모두 한글 지문으로 바꿔서 풀었다면 분명 정답률이 훨씬 더 높았을 것이다. 즉 해석이 제대로 안 되었다는 뜻이다.

영어에서 오답률이 가장 높은 문제 유형이 '빈칸 추론'이다. 빈칸의 앞뒤 문장과 선지로 주어진 문장이 명확하게 해석되지 않고 어렴풋이 해석되는 수준이라면 이 유형을 틀리기 쉽다. 문장의 90%를 이해해도 애매한 10% 때문에 헷갈리고 틀리도록 문제가 구성되어 있기 때문이다.

글의 구조를 이해하고 문장 사이의 관계를 파악하는 등 기본적으로 글을 보는 능력도 물론 중요하다. 하지만 이는 국어 공부를 하면서 기본적으로 길러진다. 그렇기에 영어 성적의 성패를 좌우하는 것은 영어 문장을 우리말 수준으로 명확하게 해석할 수 있는 능력이다.

나(호원)는 이 진리를 고등학교 2학년에서 3학년으로 넘어가던 겨울방학 시기에 깨달았다. 당시에는 영어 인증시험 점수가 수시에 가산점으로 반영되던 터라, 서울대학교에서 주최하는 영어인증시험인 텝스(TEPS) 점수를 얻기 위해 준비하고 있었다. 당시 모의고사 기준으로는 1등급이 나오는 실력이었지만, 텝스 독해는 이보다 어려워 독해 기준 400점 만점에 250점 정도밖에 나오지 않는 상황이었다. 고작 절반 좀 더 넘게 맞추는 수준이었다.

어떻게 성적을 올릴지 고민하다 결국 문제에 나오는 영어 문장들을 한글 수준으로 해석하지 못하는 게 원인이라고 생각했다. 그래서 해석 능력을 높이는 데 집중하기로 했다. 여기서 중요한 것은 적당히 의미가 이해되는 수준이 아니라 '한글을 읽는 것과 같은 수준으로' 명확히 해석하는 것이었다.

이를 위한 특단의 방법을 생각해 낸 나는 기존 250점이었던 독해 점수를 한 달 만에 350점으로 100점이나 끌어올렸다. 그리고 이후로도 그 수준의 점수를 유지할 수 있었다. 이때 했던 특단의 방법을 지금부터 설명해 보겠다. 이 방법을 그대로 실천하면 분명 엄청나게 실력을 향상할 수 있으리라 자신한다.

문장 구조가 명쾌해지는 독해 공부법

이 공부법의 핵심은 문제를 풀고 난 뒤 맞은 문제까지 모든 문장을 하나씩 다시 살펴보며 100% 해석됐는지 점검하는 것이다.

일반적으로 학생들은 모의고사 한 세트를 풀고 나면 틀린 문제들을 해설과 비교해서 내가 왜 틀렸는지 보고 '아, 그렇구나' 하며 넘어간다. 그러나 이렇게 공부해서는 절대 해석 능력이 길러질 수 없다.

정답을 맞힌 문제여도 지문에서 100% 명확하게 해석되지 않은 문장이 있었을 것이다. 독해를 할 때 감으로 해석하고 문제를 푸는 경우가 많다. 그런데 이를 그냥 흘려보내면 문장 해석 능력을 기르기 힘들다. 정답을 맞혔으니 문제가 없다 생각해 그냥 넘어가는 것이 가장 위험하다.

내가 했던 방법을 더 구체적으로 설명하면 다음과 같다.

독해 공부법 3단계

1. 모의고사 1세트를 풀고 나면 처음으로 돌아와 맞힌 문제를 포함해 모든 문제의 지문을 다시 차근차근 읽는다.
2. 지문의 첫 문장부터 한 문장씩 읽으며 문장의 의미가 '100% 명쾌하게 이해됐는지'를 스스로 질문하고 이해됐다면 넘어간다.
3. 단 5%라도 명쾌하지 않다면 그 이유를 분석하여 해결한 뒤 넘어간다.

해석이 명쾌하게 되지 않는 이유는 반드시 둘 중 하나다. ① 모르는 어휘가 있어서. ② 문장 구조를 이해하지 못해서.

따라서 해석이 잘되지 않는다면 먼저 문장에서 모르는 어휘가 있는지 살펴본다. 모르는 단어나 숙어, 관용어구 등의 표현이 있다면 이를 먼저 익힌다. 그리고 문장을 다시 해석해 본다. 어휘를 익히고 문장이 해석되면 다음 문장으로 넘어간다.

그런데 만약 어휘를 모두 익히고 나서도 명확히 해석되지 않는다면 어떻게 해야 할까? 이때는 문장 구조를 살펴본다. 문장 구조를 본다는 것은 그 문장이 왜 그렇게 해석되는지를 문장 구성 성분을 통해 살펴본다는 뜻이다. 문장 구조가 어떻게 되어 있는지 분석하며 이해되지 않는 부분을 표시하고 해설지를 본다. 요즘 해설지는 워낙 친절하게 잘 나와 있어서 문장 구조가 어떻게 이루어져 있는지 자세히 분석되어 있다.

해설지를 통해 문장 구조가 어떻게 이루어져 있는지, 그래서 왜 그렇게 해석되는지를 명쾌하게 이해하자. 그런 다음 해당 문장의 구조가 어떻게 구성되어 있는지 스스로 표시해 보며 다시 한번 익힌다. 이와 같은 과정을 통해 모든 문장을 공부하고 나면, 모의고사 한 세트를 풀어도 어휘 실력이 크게 향상되고 문장 구조를 보는 능력이 길러질 것이다.

신기하게도, 이 과정을 계속하다 보면 이전에 공부했던 어휘나 문장 구조가 새로 접하게 되는 지문에 또 나오는 것을 알 수 있다. 예전에는 몰랐던 문장도 이제는 해석할 수 있는 기분 좋은 경험을 하게 된다. 더 나아가 대부분의 문장 구조를 꿰게 된다. 지문의 첫머리를 읽자마자 문장 구조가 머릿속에 그려지면서 다음에 어떤 구성 성분이 올지 예상할 수 있다. 그러면 어떤 문장이든 자연스럽게 술술 읽히게 된다. 이것이 바로 근본적인 영어 독해 실력을 기르는, 핵심적이며 가장 효과적인 방법이다.

읽는 양이 부족하면 1등급은 불가능하다

수능 영어는 사실상 독해 시험이라고 부를 수 있을 정도로 독해의 중요성이 높다. 독해에서 좋은 점수를 받으려면 영어 문장을 한글처럼 확실히 해석할 수 있어야 한다.

영어 과목에서 1등급이 못 나오는 학생들은 대부분 시간 문제를 겪는다. 시간이 부족한 이유는 두 가지다. 첫째, 문장을 읽고 한 번에 명쾌하게 해석이 되지 않아서 여러 번 보게 되는 경우. 둘째, 해석은 되지만 애초에 읽는 속도가 느린 경우.

해석이 잘 안 되는 경우는 앞서 이야기한 어휘와 구문 학습을 통해 해결할 수 있다. 그렇다면 읽는 속도가 느린 경우는 어떻게 해결해야 할까?

해석은 되지만 읽는 속도가 느리다면 어휘나 문장 구조를 떠올리는 데 시간이 걸리기 때문이다. 이 문제는 비슷한 형태의 문장을 많이 읽고 공부하여 극복할 수 있다.

수학에서 인수분해를 처음 배웠을 때는 이를 적용해서 문제를 푸는 데 시간이 오래 걸린다. 그러나 계속하다 보면 머리가 아니라 손이 알아서 푼다고 할 정도로 보자마자 자연스럽고 빠르게 풀게 된다.

영어 문장을 보면서 구조를 파악하고, 그에 따라 자연스럽게 뜻이 이해되는 것도 같은 원리다. 내가 해석하기 위해 문장 구조를 애써 분석한다는 느낌조차 들지 않을 정도로 읽자마자 뜻이 파악되는 경지에 이르러야, 국어책을 읽듯 영어 지문도 빠르게 읽어나갈 수 있다. 이 정도 수준이 될 만큼 읽지 않았기 때문에 시간이 오래 걸리는 것이다.

이러한 이유로 영어 성적이 잘 나오지 않는 학생들에게 첫째로는 해석 연습을, 둘째로는 읽는 양을 늘리는 것을 추천한다. 해석 연습을 하면서 그동안 공부한 어휘와 구문을 문장 속에서 여러 번 읽고 실제로 적용해 보며 저절로 해석이 되는 훈련을 충분히 거쳐야만 한다.

특히 학원에 다니고 인강을 열심히 듣는데도 성적이 나오지 않는다면 대부분 읽는 양이 부족해서다. 수업에서 다룰 수 있는 지문의 수가 매우 적으니 그것만 공부하면 충분하리라는 생각은 하지 마라.

학기 중이라면 내신 대비에 집중하는 것이 좋다. 그러나 방학 중이라면 일주일에 최소 모의고사 3회분(독해 문제 기준 84문제, 하루 12문제)은 읽고 모든 문장을 분석하는 연습을 하길 바란다. 안정적인 1등급이 나올 때까지 계속해야 한다. 다른 과목 성적이 잘 나오는데 특히 영어만 약하다면 매일 모의고사 1회씩 공부하기를 추천한다.

영어는 언어다. 암기과목처럼 외우고 이해했다고 해서 바로 실력이 쌓이는 것이 아니다. 계속 반복해서 연습해야 한다는 사실을 명심하라.

초등부터 고등까지
1등급 받는
국어 공부 비법

초등 국어는 3개의 축으로 정복한다

초등 국어 공부에는 3개의 축이 있다. 첫 번째는 독서(읽기), 두 번째는 글쓰기, 세 번째는 어휘 공부다. 이 세 가지 영역을 기준으로 실력을 늘리는 국어 공부법에 대해 알아보자.

독서를 좋아하는 아이로 키우고 싶다면

흔히들 국어를 잘하려면 독서를 많이 해야 한다고 말한다. 실제로도 국어 공부에서 가장 중요한 건 독서다. 우리 삼형제는 셋 다 공부를 잘했지만, 큰형은 어렸을 때부터 책을 좋아한 반면 우리 쌍둥이는 책 읽는 걸 싫어했다. 똑같은 부모님 밑에서 자랐고 다 공부를 잘했는데 그 차이는 도대체 어디서 발생한 것일까? 우리도 이게 궁금해서 큰형에게 물어본 적이 있다. 어떻게 그처럼 책을 많이 읽었냐고.

그런데 형은 그냥 책 읽는 게 재미있었다고 했다. 우리 쌍둥이가 축구를 좋아해서 누가 시키지 않아도 축구를 했던 것처럼 형은 책 읽는 게 재미있으니까 책을 읽은 것이다. 결국 중요한 건 책 읽는 과정을 재미있게 느끼도록 해주는 것이다. 이게 가장 큰 차이를 만든다.

그럼 어떻게 하면 책을 재미있게 읽도록 만들 수 있을까? 우리는 세 가지 방법을 제안하고자 한다.

1) 읽을 책을 아이가 선택하게 하라

흔히 필독서를 읽으라고 말하는 경우가 많다. 필독서가 좋은 책들인 건 맞으니 참고하면 괜찮지만 강요하면 아이들은 그걸 숙제로 여긴다. 그러니 관심 있는 분야에 대한 책을 아이 본인이 고르게 하자. 그게 책이든 신문이든 인터넷 기사든 다양한 읽을거리 중에서 본인이 관심 있는 내용을 선택하게 하자.

우리 형제는 초등학생 때 사회과부도 교과서를 보는 걸 좋아했다. 사회과부도에는 지역별 특징, 나라별 인구 등이 나와 있었는데, 그게 재미있어서 어머니가 시키지 않아도 심심할 때 사회과부도를 꺼내 봤다.

책을 싫어했어도 읽긴 했던 이유는 우선 집에 책이 많았기 때문이다. 그렇다 보니 심심하면 그중에서 좀 재미있어 보이는 걸 꺼내 읽었다. 어머니께서 일주일에 한 번 정도 우리를 도서관에 데려가서 서너 시간 같이 책을 읽는 시간을 가졌다. 그때도 마찬가지로 어머니가 '이 책을 읽어라'라고 한 게 아니라 '너희가 읽고 싶은 책을 아무거나 가져와'라고 했다.

2) 학습 만화를 활용하라

우리 형제도 학습 만화를 아주 좋아했었다. 학습 만화를 보면 일단 읽는 습관을 만들 수 있다. 처음부터 빽빽한 글을 읽는 건 누구나 힘들다. 학습 만화는 짤막한 글과 재밌는 그림으로 흥미를 유발하기 때문에 이것부터 시작하면 앉아서 읽는 습관을 들일 수 있다.

학습 만화를 통해 관심사를 넓힐 수도 있다. 우리 큰형의 경우 어릴 때 만화로 된 삼국지를 읽으면서 그 스토리에 재미를 느꼈다. 그래서 글줄로 된 긴 삼국지가 궁금해져 그 두꺼운 책을 다 읽게 되었다. 이처럼 만화를 통해 이와 관련된 글로 된 책도 읽고 싶게 만들 수 있다. 물론 학습 만화만 읽으면 충분한 건 아니다. 독서의 습관을 기르고 흥미를 유발하는 도구로 활용하자.

3) 부모님이 같이 읽어주어라

영화를 보거나 맛있는 음식을 먹어도 함께하는 사람이 있으면 훨씬 더 즐겁고 맛있지 않은가. 바로 즐거움을 공유할 사람이 있기 때문이다. 드라마를 보고 그것에 관해 이야기하듯 아이와 함께 책을 읽고 그것에 관해 이야기를 나누면 독서가 더 즐거워진다.

아이에게 유익한 책을 읽고 싶은 경우도 있을 것이다. 생각해 보면 우리 어머니는 본인이 읽은 책을 추천하곤 했다. 그중 정주영 회장의 『시련은 있어도 실패는 없다』라는 책이 아직도 기억에 남아 있다. 우리가 초등학교 고학년 때였는데, 어머니가 거기서 읽은 재미있는 일화를 말해주셨다. 그걸 들으니 흥미가 생겨 책도 읽게 되었다. 이처럼 먼저 읽었던 책의 일부분을 재미있게 설명해서, 아이의 호기심을 자극하여 독서에 대한 관심을 불러일으킬 수도 있다.

읽기만으로는 안 된다!
글쓰기 지도하는 법

국어를 잘하려면 읽기에만 그쳐서는 안 된다. 국어 공부 전문가들도 국어 공부에 가장 중요한 건 독서가 맞지만 독서만 해서는 안 된다고 말한다. 왜냐하면 책을 읽는 건 아무래도 수동적인 행위기 때문이다. 정보를 받아들이기만 하는, 입력만 있는 행위인 것이다.

정보가 들어왔는데 거기서 끝내면 두 가지 문제가 있다. 어렵게 모은 지식이 금방 휘발된다는 것과 그 내용을 정리하는 행위를 할 기회가 없다는 것이다.

책을 읽었으면 책에 담긴 핵심 메시지가 무엇인지, 어떤 내용이었고 배경은 무엇인지 등에 대해서 정리해 보는 과정이 있어야 한다. 그래야 글을 구조화해서 읽을 수 있어 요점을 파악할 수도 있게 된다. 본인의 생각을 쓸 때도 도움이 된다.

따라서 입력한 것을 출력해 보는 행위를 해야 한다. 그래야 국어 실력이 는다. 읽은 내용을 출력하는 가장 쉬운 방법은 읽은 내용에 대해서 말 또는 글로 설명해 보는 것이다. 하지만 말하기는 즉흥적이다. 그 자리에서 조리 있게 말하려면 글쓰기 훈련이 잘되어 있어야 한다. 글을 잘 쓰는 사람이 말도 잘하는 법이다. 그렇다면 글쓰기 공부는 어떻게 시켜야 할까?

1) 글 쓰는 행위를 즐기도록(적어도 싫어하지 않도록) 만들어주자

어머니 학원에서 공부했던 중3 학생이 있었다. 공부를 잘하는 학생이었는데, 소설을 공유하는 웹사이트에 직접 글을 써서 올리곤 했다. 그 학생의 어머니는 이것 때문에 걱정이 많았다. 공부할 시간도 모자라는데 계속 소설을 쓰느라 시간을 보냈기 때문이다.

보통은 시켜도 안 하는 글쓰기 활동을 걱정될 정도로 열심히 하는 이유는 무엇일까? 바로 인정 욕구 때문이었다. 자기가 쓴 소설을 웹사이트에 올리면 많은 사람이 반응하고 좋아해 줬기 때문이다. 소설이 아니더라도 우리가 SNS에 글을 쓰는 건 사람들이 좋아해 주고 관심을 준다는 이유가 크지 않은가.

아이들이 글 쓰는 과정을 그렇게 느끼도록 해줘야 한다. 이때 글을 평가하지 않도록 주의해야 한다. 평가하는 순간 글쓰기는 즐거움을 느끼는 행위가 아니게 된다. '내가 잘못 쓰면 지적을 당하는구나'라는 부담감을 느낀 아이는 당연히 글쓰기가 싫어진다. 반대로 칭찬할 만한 부분을 어떻게라도 찾아서 그걸 얘기해 줘야 한다. 쉽게 말해 '좋아요'를 누르고 댓글을 달아줘야 한다. 맞춤법 정도는 어차피 학년이 올라가면 교정될 것이니 너무 걱정하지 말자.

2) 학년과 수준에 맞춰 단계적으로 지도하자

글쓰기에도 단계가 있다. 보통 받아쓰기에서 일기로 넘어가는데, 일기에도 단계와 수준이 있다. 오늘 있었던 일을 나열하듯 쓰는 게 가장 쉬운 단계다. 그게 익숙해지면 '오늘 있었던 일에 대해서 너의 생각이 들어가는 일기를 써봐'라고 지도할 수 있다. 어떤 일이 있었는데 이것 때문에 속상했고, 이건 좋았으며, 무엇을 느껴서 앞으로 어떻게 해야겠다는 등의 생각이 들어갈 수 있다.

다른 아이가 장문의 글을 쓴다고 해서 아직 익숙하지 않은 아이에게도 똑같이 요구하면 글 쓰는 게 고역이 된다. 따라서 아이의 상황을 잘 파악한 다음에 수준에 맞는 글쓰기를 차곡차곡 밟아나가자. 그리고 인내심과 관심을 가지고 아이의 글쓰기 활동을 지도하자.

어원을 통해 확장 가능한 방식으로 어휘 공부하기

국어를 잘하기 위한 마지막 세 번째 축은 어휘 공부다. 어휘 공부에서 가장 강조하고 싶은 한 가지가 있는데, 바로 한자어를 가르치라는 것이다.

이건 국어뿐 아니라 다른 언어를 공부할 때도 도움이 되는 방법이다. 우리가 영어 단어장 중에서 단어의 어원이 나와 있는 교재로 공부한 적이 있다. 접두사나 접미사 등을 파악하는 내용이었는데, 예를 들어 영어에서 'pre'는 '앞에'라는 뜻이 있어서 이것이 접두사로 붙은 단어는 '뭔가의 앞이라는 뜻이겠구나' 하고 추측할 수 있다. 이런 식으로 어원을 함께 공부하고 나니 어휘력이 엄청나게 늘었다.

국어도 비슷하다. 그런데 우리나라 말은 한자로 되어 있는 게 많다. 그래서 한자를 알고 단어를 분석하면서 공부하다 보면 그 단어의 뿌리를 알게 된다. 그러면 모르는 단어가 나왔을 때도 뜻을 유추할 수 있는 힘이 생긴다.

예를 들어 '농부'라는 단어는 '농경 농農'자와 '지아비 부夫'자가 결합한 것이다. 여기서 '부'는 '어떤 일을 하는 사람'을 가리키는 글자다. 그러면 어부漁夫는 물고기를 잡는 사람이고 광부鑛夫는 광산에서 일하는 사람이라는 걸 알 수 있다. 이걸 아는 아이는 어떤 단어에 '부'가 붙은 걸 보고 '무엇을 하는 직업을 가리키겠구나'라고 생각할 수 있다.

그리고 어부에서 '어'가 '물고기'를 뜻한다는 걸 배웠다면, '어선'은 물고기 잡는 배, '어항'은 물고기가 들어가 있는 항아리, 이런 식으로 의미를 찾아나갈 수 있게 된다.

한자를 쓰는 것까지 가르치지 않아도 된다. 말이 이렇게 구성되어 있고 이런 뜻을 갖는다는 걸 뜯어서 가르쳐주는 것으로도 충분하다. 그러면 단어를 훨씬 더 잘 기억할 수 있다. 모르는 단어가 나왔을 때도 아는 한자를 보고서 그 뜻을 추측할 수 있다.

이렇게 되면 엄청난 상승작용이 생긴다. 점점 더 수준이 높은 글을 읽다 보면 아이들이 모르는 단어가 많이 나올 것이다. 이때 한자를 모르는 아이들은 사전을 찾아보거나 누가 설명해 주지 않으면 그대로 모른 채 끝난다. 어휘를 공부하는 데 있어서 아주 한정된 환경에 놓이게 되는 것이다.

반면 한자를 잘 아는 아이들은 글을 읽다 모르는 단어가 나와도 유추를 한다. 글의 맥락을 이해하고 한자를 아니까 뜻을 대충이라도 파악할 수 있다. 그러다 보면 가르쳐주지 않아도 책을 읽으면서 자연스럽게 어휘력이 늘어난다. 그게 쌓이면 더 높은 수준의 단어들도 뜻을 유추할 수 있게 된다. 이처럼 시간이 지날수록 아이의 어휘력이 상승 곡선을 그리게 된다.

한자책도 많지만, 일상생활에서 아이와 대화할 때 한자와 관련된 주제로 이야기하는 것도 좋은 방법이다. 예를 들어보자. 우리가 어릴 때 차를 타고 가다가 현수막에 적힌 '상습 결빙주의'라는 단어를 봤다. 평소라면 그냥 보고 지나쳤겠지만 그때 아버지가 "저게 무슨 뜻인지 알아?"라고 물어서 그 뜻을 알게 되었다. 길을 거닐면서 간판이나 현수막에 쓰인 한자를 보고 무슨 뜻인지 얘기해 보자. 뉴스나 라디오를 틀어놓고 들리는 단어에 대해 물어봐도 좋다. 너무 무겁지 않은 수준으로 게임처럼 재미있게 묻고 답해보자.

예를 들어 아이가 '결빙'이라는 단어를 몰랐다면 다음과 같은 식으로 풀어서 설명해 줄 수 있다.

"여기서 '빙'이 '얼음'이라는 뜻인데, 너 팥빙수 좋아하지? 그 '빙수'

할 때 '빙'이랑 여기에 있는 '빙'이랑 똑같은 뜻이야. 그리고 '빙산'은 '얼음으로 만들어진 산'이지."

이런 식으로 알려주면 아이의 기억에 오래 남는다. 아이들은 호기심이 많다. 모르는 게 있으면 궁금하고 알고 싶어 한다. 호기심을 자극하고 채워주면 국어 실력도 함께 성장할 것이다.

고등학생이 되기 전에
반드시 챙겨야 하는 두 가지

큰형까지 포함한 우리 삼형제는 모두 수능 국어에서 1등급을 받았다. 그런 우리가 초중고 국어 공부 과정에서 가장 크게 도움을 얻은 한 가지를 고르라고 하면 이구동성으로 꼽는 것이 있다. 그건 바로 고등학교에 올라가기 전인 중학교 3학년 때, 고등학교 과정의 국어 모의고사와 고전문학을 미리 공부했던 것이다.

고등학교에 올라가면서 가장 크게 달라지는 과목이 바로 국어다. 수학과 영어의 경우 공부 방식이나 시험 유형이 많이 달라진다기보다는 내용의 난도가 올라가는 느낌이 크다. 반면 국어의 경우 중학교 내신 시험 때와는 전혀 다른 형태로 모의고사 문제가 출제된다.

또한 고등학교에 올라가면서 학생들이 국어에서 가장 어려워하는 부분이 고전문학이다. 고등학교에서는 이전보다 훨씬 더 많은 양의 고전시가와 고전산문을 공부하게 되는데, 작품들을 해석하는 방법이 익숙하지 않고 생소한 어휘도 많이 등장해서 어려워한다.

우리는 큰형과 3년 터울인데, 형이 고등학교에 올라가기 직전에 만난 국어 과외 선생님이 있었다. 선생님은 고전문학과 고등학교 모의고사를 미리 익히는 것이 도움이 된다고 지도해 주셨다. 그래서 큰형은 물론 우리까지 고등학교 진학을 앞둔 3~4개월 동안 같은 선생님에게 배웠다.

우리가 했던 공부는 크게 두 가지였다. 하나는 매주 1개씩 모의고사를 푸는 것이었고, 다른 하나는 고전시가 교재를 하나 정해서 공부하는 것이었다.

처음으로 모의고사를 풀었던 날이 아직도 생생하다. '한 번의 시험에서 이렇게 많은 지문을 읽고 이렇게 많은 문제를 풀어야 한다고?' 하면서 놀랐던 기억이 난다. 문법 내용도 어려웠고, 고전문학과 관련된 문제는 너무 생소해서 당혹스럽기까지 했다. 중학교 국어 내신 시험에서는 교과서에서 배웠던 지문들에서만 문제가 나왔는데, 고등학교 모의고사는 한 번도 본 적이 없는 지문들에서 시험 문제가 나왔다.

또 한 가지 어려웠던 점은 시간 관리 부분이었다. 중학교 내신에서는 45분 동안 20~25문제 정도를 풀었는데, 고등학교 모의고사는 80분 동안 45문제를 풀어야 했다. 이렇게 긴 시간 동안 이렇게 많은 문제를 풀어본 것이 처음이라 어떤 속도로 문제를 풀어나가야 하는지에 대한 감이 없었다. 풀다가 헷갈리는 문제가 나와 막혔을 때, 도대체 고민을 얼만큼 더 할 수 있는 것인지 감을 잡기 어려웠다. 결국 처음 풀었던 모의고사에서는 뒤쪽 몇 문제를 풀 시간이 없어서 손도 못 댄 채 빈칸으로 제출했다.

이렇게 첫 모의고사에서 쓴맛을 본 뒤, 고등학교에 올라가기 전까지 국어 공부를 정말 열심히 해야겠다는 생각이 들었다. 그래서 선생님의 지도를 열심히 따랐다. 매주 모의고사를 1개씩 풀면서 시간을 관리하는 법을 익혔다. 그리고 틀린 문제들에 대해서는 어떤 유형을 틀렸는지, 지문의 내용은 무엇이었고 왜 오답을 골랐는지 등을 철저히 분석하면서 고등학교 모의고사 문제 유형에 점차 익숙해졌다.

고전시가를 공부했던 것도 큰 도움이 되었다. 먼저 요즘에는 더이상 쓰지 않는 옛 어휘와 표현을 많이 공부했다. 많이 접하다 보니 옛말에도 조금씩 익숙해졌다. 그리고 고전문학의 경우 시대의 흐름에 따라 작품을 공부하게 되는데, 시대별로 다른 역사적 배경이 작품에 반영되어 있는 만큼 시대별 상황을 공부하고 나서 작품을 보니 이해가 한결 쉬웠다.

그 외에도 작품들의 여러 갈래를 접하고, 글을 풀어가는 구조적 특징들을 하나씩 공부했다. 이렇게 하고 나니 고등학교에 올라가서 본 모의고사에서 고전시가가 나왔을 때 당황하지 않고 차분히 실력을 발휘할 수 있었다.

우리뿐만 아니라 많은 학생이 고등학교에 올라가면서 중학교 때와는 사뭇 달라진 국어 시험 유형을 보고 어렵다고 느낀다. 따라서 고등학교에 올라가기 전 3학년 2학기나 겨울방학을 활용하여 모의고사와 고전문학을 미리 공부해 둔다면 큰 도움이 될 것이다.

고등학교 내신과 수능 국어를 어떻게 공부해야 할까?

앞서 말했듯, 중학교에서 고등학교로 올라갈 때 체감 난이도가 가장 많이 올라가는 과목 중 하나가 국어다. 이와 동시에 공부 방법적인 면에서도 가장 달라지는 과목이기도 하다. 이러한 변화에 많은 학생들이 고등학교 국어 공부에서 고전한다. 우리도 마찬가지였기에 수많은 시행착오를 겪었다. 이를 통해 깨닫게 된 고등학교 국어 공부의 중요한 원칙 세 가지를 소개하겠다.

내신 국어와 수능 국어의 관계

내신 국어와 수능 국어는 다를까? 아니면 같을까? 정답은 '다르다'이다. 그렇다면 내신 국어를 공부하면 수능 국어를 공부하는 데 도움이 안 될까? 정답은 '도움이 많이 된다'이다. 고등학교 국어를 공부할 때 내신 국어와 수능 국어의 관계를 이해하는 건 무척 중요하다.

내신 국어는 기본적으로 수업 시간에 다뤘던 내용을 기반으로 시험 문제가 출제된다. 따라서 수업을 열심히 듣고, 복습을 열심히 하면 잘 볼 수 있게 되어 있다. 반면에 수능 국어는 대부분 처음 보는 지문과 문제들이 출제된다. 시험 현장에서 지문과 문제들을 새롭게 분석하며 문제를 풀어나가야 한다. 미리 암기해서 잘 볼 수 있는 시험이 아니다.

이처럼 내신 국어와 수능 국어는 시험 방식이 매우 다르기 때문에 내신 국어 공부를 열심히 했어도 반드시 수능 국어를 따로 공부해야만 한다. 그렇다고 해서 내신 국어 공부가 수능 국어 공부에 도움이 전혀 안 되는 것은 아니다. 오히려 매우 큰 도움이 된다. 이를 모르고 '나는 정시로 대학 갈 거니까 내신 국어는 열심히 안 해도 돼'라고 생각하는 실수를 절대 범하지 말기를 바란다.

내신 국어 공부는 수능 국어 공부의 아주 중요한 기반이다. 내신 국어는 정해진 범위 안에서 깊이 있는 공부를 하게 된다. 특정 제재

나 유형의 지문들을 읽는 방법을 배우고, 문학과 문법 개념들을 배우며, 어휘력을 쌓고 다양한 소재들과도 친숙해진다. 이러한 공부는 처음 보는 지문과 문제를 만났을 때 그것들을 분석하고 이해할 수 있는 역량의 기반이 되어준다.

수능 국어를 공부할 때는 내신을 공부할 때만큼 특정한 개념이나 지문에 대해서 깊이 있고 반복적으로 공부하는 경우가 많지 않다. 그렇기에 수능을 잘 보기 위해서도 반드시 내신 국어 공부를 열심히 해야 한다. 이 부분을 절대 간과하지 말자.

'선택지 분석법'만 활용해도 등급이 달라진다

우리는 학원에서 수학을 가르치고 있지만, 다른 과목의 공부가 고민되어 상담을 요청하는 학생들이 있다. 학교 내신과 모의고사에서 전 과목 평균 1~2등급 정도가 나올 만큼 공부를 잘하는 한 학생이 어느 날 "수학과 영어는 어떻게 공부해야 하는지도 알겠고 성적도 안정적으로 나오는데, 국어는 공부를 많이 하는데도 성적이 계속 안 올라요. 어떻게 해야 하나요?"라며 고민을 털어놓았다. 그 이야기를 듣자마자 우리는 바로 '아, 공부를 잘못된 방법으로 하고 있겠구나' 하는 생각이 들었다. 그래서 그 친구에게 공부하고 있는 국어책들을 모두 가져와 보라고 했다.

그 학생의 국어책을 보니 단번에 문제가 무엇인지 알 수 있었다. 선택지에 대한 분석 없이 공부하고 있었던 것이다. 비단 국어에만 적용되는 공부법은 아닌데, 유독 국어와 영어 같은 언어 과목에서 학생들이 이런 실수를 자주 범한다.

문제를 풀면서 선택지를 보다 보면 다음과 같은 3가지 경우가 생긴다.

1. 확실히 옳은 경우

2. 확실히 틀린 경우

3. 헷갈리는 경우

이 중에서 우리가 공부하면서 주목해야 하는 것은 바로 '헷갈리는 경우'이다. 설령 문제를 맞혔다고 하더라도, 그 문제 안에 단 하나라도 헷갈리는 선택지가 있었다면 그 선택지를 반드시 분석하고 넘어가야 한다. 예를 들어 '옳지 않은 것을 고르시오'라는 문제가 나왔을 때, 1번부터 5번까지의 보기 중에 2번 보기가 조금 헷갈렸지만 4번 보기가 확실하게 틀려서 4번을 골라 그 문제를 맞혔다고 해보자. 이때 이 문제를 맞혔다고 해서 그냥 넘어간다면 절대로 실력이 오를 수가 없다. 2번 보기가 헷갈렸다면, 거기에 표시를 해두고 채점 후에 반드시 2번 보기를 다시 확실하게 분석하고 넘어가야 한다. 그렇지 않으면 밑 빠진 독에 물 붓는 식의 공부가 되어버린다.

선택지 분석의 자세한 방법을 소개하면 ① 헷갈리는 선택지 표시하기, ② 헷갈리는 선택지 분석하기 단계로 나뉜다.

먼저, 헷갈리는 선택지가 있으면 반드시 표시를 해두어야 한다. 우리 형제는 헷갈리는 선택지에는 △ 표시를 해두었다. 그리고 헷갈리긴 하는데 그래도 옳은 듯한 느낌이 조금이라도 들면 △○ 표시를 하고, 헷갈리는데 틀린 쪽에 가까운 것 같으면 △X 표시를 해두었다.

그렇게 표시하고 난 다음에는 채점을 통해 그 선택지가 옳았는지 틀렸는지를 확인한다. 그러고 나서 그 선택지가 왜 옳거나 틀렸는지에 대해 이유를 반드시 살펴봐야 한다. △ 표시를 한 모든 선택지는 지문에서 그 선택지와 관련된 부분을 찾아 표시한다. 그리고 표시된 지문의 내용에 비추어 봤을 때 왜 그 선택지가 옳았거나 틀렸는지에 대한 이유를 적는다.

이런 식으로 헷갈렸던 선택지를 하나하나 뜯어보며 공부해야 실력이 는다. 그런데 많은 학생이 맞힌 문제는 헷갈렸던 선택지를 다시 보지 않고 넘어가거나, 틀린 문제에 대한 해설을 본다고 하더라도 대강의 이유만 확인하고 지나간다.

이렇게 선택지를 분석하면서 공부하는 방법을 우리 학원에 다니는 몇몇 학생들에게 알려주었다. 그 학생들이 그 공부법을 적용해 보고 나서 이런 얘기를 했다.

"학원도 그대로 다니고 교재도 똑같은 걸로 공부하는데, 이제는 실력이 느는 듯한 느낌이 들어요."

그리고 실제로 그 학생들은 전부 두 달 뒤 모의고사에서 등급이 올랐다는 소식을 전해주었다.

국어 노베이스 학생들은 이렇게 공부하라

분명 우리나라 말인데도 국어 시험 문제를 도저히 못 풀겠다는 소위 '노베이스' 학생들이 있다. 어디서부터 어떻게 공부해야 노베이스에서 벗어날 수 있을지 막막하기만 할 것이다. 그런 학생들에게는 다음 두 가지 공부법을 추천한다.

1) 영어 공부하듯이 국어 어휘 공부하기

국어 실력이 너무 부족한 학생들의 공통적인 문제 중 하나는 바로

'어휘력'이 떨어진다는 것이다. 학년이 올라갈수록 글의 수준이 높아진다. 그만큼 글에 등장하는 어휘의 수준도 높아진다. 어휘를 모두 알아도 내용을 이해하기 어려운 경우들이 있는데, 어휘조차 모르는 것투성이라면 글을 제대로 읽을 수 있을 리 만무하다.

따라서 현재 국어 실력이 부족하다면, 마치 영어 공부를 하듯 어휘부터 공부하자. 이를 위해서 먼저 자기만의 어휘장을 만들어보자. 작은 수첩을 준비해서 공부하다 모르는 단어는 무조건 어휘장에 단어와 뜻을 적어둔다. 그리고 주기를 정해놓고 규칙적으로 어휘장을 복습한다. 단순히 기계적으로 뜻을 외우기보다는 최소 한 개 이상의 예문을 보면서 어휘의 느낌을 이해해야 한다.

또한 시중에는 고등 수능과 내신에 나오는 어휘들을 정리해 둔 교재들이 있다. 이런 교재도 반드시 구입하여 영어 단어장을 공부하듯이 공부하도록 하자. 구입한 어휘 교재는 한 번 보고 끝내지 말고 최소 세 번 이상은 반복해서 공부해야 어휘력이 는다.

2) 적은 문제를 깊이 있게 푸는 연습하기

국어 실력이 부족하니까 많은 문제를 풀면서 훈련하는 소위 '양치기'를 해야 한다고 생각할 수도 있다. 국어 공부 시간을 늘린다는 의미의 양치기는 아주 바람직하지만, 푸는 문제의 수를 늘린다는 의미의 양치기는 노베이스 학생들에게 바람직하지 않다.

기본적으로 노베이스 학생들은 글을 읽으면서 주제를 제대로 찾지 못하고, 글의 세부 사항들도 이해하지 못한다. 이렇게 글을 읽으면 단순히 많이 읽는다고 실력이 비약적으로 늘지 않는다. 이럴 때는 적게 읽더라도 제대로 깊이 있게 읽는 연습이 필요하다.

한 시간 동안 단 한 개의 지문을 공부하더라도 깊이 있게 공부하는 연습을 하자. 먼저, 전체 글의 주제가 무엇인지 문장으로 직접 적어보자. 각 문단의 주제도 파악해서 적는다. 그리고 문단별 주제들을 연결 지으면서 글이 담고 있는 내용을 큰 틀에서 파악한다.

그다음에는 세부 사항들을 이해하는 과정이 필요하다. 각 문단 안에 있는 부연 설명과 예시들을 이해되지 않는 내용이 하나도 없을 때까지 읽고 또 읽자. 이해가 안 되면 해설을 보거나, 인강을 보거나, 선생님 또는 친구에게 물어봐야 한다.

그렇게 지문을 이해했다면 문제들에 제시된 모든 선택지들을 빠짐없이 하나씩 다시 살펴보면서 각 선택지가 왜 맞고 틀린지를 분석해 보도록 하자. 자세한 방법은 앞서 얘기한 선택지 분석법의 단계를 참고하면 된다.

3) 제 학년 모의고사가 너무 어려우면 아래 학년 모의고사부터 공부하기

공부할 때 가장 효율적인 공부법은 자기 수준에 맞는 공부를 하는 것이다. 일반적으로는 자기 학년에 맞게 공부하는 것이 좋지만, 실력이 부족한 학생이라면 우선 아래 학년 수준에 맞춰 공부하는 것이 더 나을 수 있다.

자기 학년의 국어 모의고사를 풀었는데 반타작도 못 한다면 반드시 아래 학년으로 내려가서 모의고사 공부를 하도록 하자. 만약 고3인데 고2 모의고사도 어렵게 느껴진다면, 고1까지도 내려가서 공부해야 한다. 제 학년보다 낮은 학년 공부를 하는 것이 부끄럽다고 계속 자기에게 어려운 수준을 고집하고 있으면 절대 실력이 오를 수 없다. 공부를 잘하기 위해서는 허세를 버리고 겸손한 자세를 지녀야 한다.

아래 학년으로 내려가서 공부하다가 70~80점 이상의 점수가 안정적으로 나오면 위의 학년으로 올라가면 된다. 단언컨대, 이렇게 자기 수준에 맞게 차근차근 단계를 밟아나가면서 공부하는 것이 가장 빠른 길이다.

나에게 꼭 맞는
시험 계획 세우는 법

목표 달성을 위한
가장 강력한 무기,
'계획 수립'

부모와 아이가 공부에 들이는 노력이 더 빛을 발하려면 지금 나아가고 있는 방향, 그리고 목표를 위해 지금 하는 노력들이 올바른지를 끊임없이 확인하고 조정하는 과정이 필요하다.

요즘은 차를 타고 어디를 가든 내비게이션을 통해 최적의 경로를 탐색하여 이를 따라간다. 내비게이션은 우리가 목적지에 가장 빠르게 도달할 수 있도록 최적의 경로를 안내한다.

마찬가지로 공부에서도 목표 달성을 위한 최적의 경로가 있다. 그러나 이는 그 누구도 알려주지 않는다. 우리는 목적지를 향한 최적의 경로를 직접 찾아야만 한다. 최적의 경로에 기반해 오늘 할 일이 정해진다. 그렇게 하루하루 해야 할 공부를 해나가며 목적지에 다다라야 한다.

목표 달성을 위한 최적의 경로를 설정하는 것이 바로 '계획 수립'이다. 계획을 세우지 않고 공부한다는 것은 내비게이션 없이 목적지를 향해 나아가는 것과 같다. 그러면 당연히 똑같이 노력해도 최종 목적지에 다다르기 위해 걸리는 시간이 달라진다. 이와 같은 의미에서 하루하루의 시간이 소중한 우리에게 계획은 선택이 아니라 필수라고 할 수 있다.

계획을 어떤 목적으로 활용해야 하는지, 그 의미와 효과에 대해 좀 더 자세히 살펴보자. 그리고 이에 맞춰 계획을 어떻게 세우고 실천해야 하는지 하나씩 설명하겠다.

계획대로만 되지 않는데 굳이 계획이 필요할까?

앞서 계획은 공부에 있어 내비게이션과 같다고 했다. 요즘 내비게이션이 필요한지 의문을 제기하는 사람이 없듯이 공부할 때 계획을 세우는 데도 의문을 가지는 사람들이 없기를 바란다.

하지만 여전히 '계획이 굳이 필요한가'라고 묻고, 더 나아가 계획 세우는 게 시간 낭비라고 말하는 사람들도 있다. 계획을 세운다고 그대로 되는 것도 아닌데 굳이 계획을 세워야만 할까? 하지만 계획은 다음과 같은 세 가지 이유 때문에 중요하다.

1) 해야 할 일, 기간 내 달성해야 할 일의 기준을 알 수 있다

사람들은 제한된 시간 내에 무언가를 해내야 할 때 의식적으로든 무의식적으로든 시간 계획을 세우게 된다. 기념일에 손님을 집에 초대하여 저녁 식사를 하기로 했다고 생각해 보자. 집 안 정리부터 시작해서 장보기, 식재료 손질과 음식 준비, 음료와 식기 도구 세팅 등 수많은 일을 해내야 한다. 계획표를 세우지는 않겠지만 머릿속으로는 몇 시까지 무엇을 끝내고, 그다음에는 무엇을 한다는 등의 계획들이 세워져 있을 것이다.

이렇게 계획을 해놓지 않으면 제시간에 모든 일을 마치지 못할 수도 있다는 것을 직감적으로 알고 있기 때문에, 해야 할 일들의 시간 목표를 설정해 놓는 것이다.

공부도 마찬가지다. 시험 기간처럼 같이 해야 할 공부가 매우 많은 상황에서 그 모든 것들을 충분히 공부하려면 시간 계획이 필요하다. 1주 차까지는 어디까지 끝내놓아야 하고, 그다음 주에는 어디까지 할지, 마지막으로 시험 직전 주에는 무엇을 할지까지 계획이 세워져 있어야 한다. 이렇게 시간 계획을 세우고 진행해야만 해야 할 일을 차질 없이 모두 마칠 수 있다.

집안일의 순서를 계획하는 것도 그렇다. 되는대로 계획 없이 하다 보면 일정에 대한 감이 없어 지키지 못하게 되기 때문이다. 공부 계획도 마찬가지다. 계획대로 진행되기 때문에 세우는 것이 아니다. 해야 할 일들의 기준치와 감을 잡기 위해 계획이 필요한 것이다.

2) 빠뜨리는 것 없이 해야 할 일들을 꼼꼼하게 처리할 수 있다

계획이 중요한 두 번째 이유는 해야 할 것들을 빠뜨리지 않고 꼼꼼히 할 수 있도록 도와주기 때문이다. 우리가 마트에 장을 보러 갈 때도 사야 할 것들을 빠뜨리지 않기 위해 메모장에 적곤 하지 않는가? 열 가지, 스무 가지도 되지 않는 식재료를 사러 갈 때도 빠뜨릴까 봐 메모를 하는데, 수십 가지 이상의 자료를 공부해야 하는 시험 준비에서 해야 할 일들을 정리하지 않고 공부한다면 어떻게 될까? 당연히 빠뜨리는 것이 생기게 된다.

국영수사과에 더해 한국사 등 기타 과목 한두 가지까지 총 6~7과목의 시험을 본다고 해보자. 과목별로 공부해야 할 자료는 보통 3~4개는 될 것이다. 이 자료들도 단순히 한 번만 봐서 되는 것이 아니라 최소 3회 이상 복습해야 한다.

이 기준만 봐도 아이들이 공부했는지 확인해야 할 항목은 최소 50개에서 많게는 80개까지다. 그냥 머릿속에서 떠오르는 대로 공부하면서 이것들을 전부 빠짐없이 보는 게 과연 가능할까? 거의 불가능에 가깝다. 그렇기 때문에 계획 없이 공부했다가는 필연적으로 소홀한 부분이 생기게 된다.

3) 강한 동기부여 수단이 된다

마지막으로 계획은 강력한 동기부여 수단이 되기 때문에 중요하다. 앞서 계획이 중요한 이유가 기한에 대한 감을 잡을 수 있게 되기 때문이라고 했다. 특히 내신 시험처럼 한 달 정도의 긴 기간 동안 공부를 해야 한다면 일정에 대한 감을 잡는 것은 매우 중요하다.

해야 할 것도 많지만 동시에 시간도 많다고 생각하기 때문에 이번 주까지는 얼마만큼 공부해야 하고 오늘은 얼마만큼 공부해야 하는지에 대한 감이 없으면 느긋이 공부하게 된다. 그러다 시험이 임박하면 시간은 부족한데 해야 할 것은 산더미여서 극도의 스트레스 상황에 놓이게 된다. 많은 학생이 너무나도 자주 겪고 보는 상황일 것이다.

시험 대비 계획을 세우다 보면 생각보다 해야 할 것은 많은데 시간적 여유는 많지 않다는 것을 느끼게 된다. 시험 전까지 이것들을 완벽히 공부하려면 오늘 계획한 일들을 반드시 마쳐야 한다고 생각하니 자연스레 긴장감이 높아지고 해야 할 것에 집중하게 된다.

계획이 틀어지면 어떻게 할까? 당연히 계획은 얼마든지 틀어질 수 있다. 그럴 때는 원점이라고 생각하고 그 상황에서 계획을 다시 세우면 된다. 놀랍게도 계획을 다시 세우고 나면 틀어진 계획으로 인한 불안감은 사라지고, 남은 일정을 잘 달성하기 위한 동기부여가 또다시 되는 것을 느낄 수 있을 것이다.

다른 이유도 많지만, 크게는 이 세 가지 이유 때문에 공부 계획을 세우는 일은 너무나도 중요하다. 계획은 선택이 아니라 필수라는 점을 반드시 명심하기 바란다.

초일류가
계획 세우는 법

계획을 세우는 사람은 많지만 계획을 목적에 맞게 '잘 세우는' 사람은 드물다. 우리가 직접 해보고 수많은 학생을 지도하며 무수한 시행착오와 보완을 겪은 끝에 만들어낸 초일류의 계획 수립법을 알려주겠다. 단계별로 구성되어 있고 각 단계가 전혀 어렵지 않기 때문에 순서대로 하나씩 따라 하기만 하면 누구나 일류 수준의 계획을 세울 수 있다.

계획은 쉽게 말하면 '해야 할 일'을 '언제 할지' 적는 것이다. 이 두 가지만 하면 끝이다. 먼저 해야 할 일들이 무엇인지 적어보고, 그것들을 언제 할지 적으면 된다.

다만 시험 대비는 한 달 정도 되는 긴 기간에 많은 것을 해내야 하기 때문에 보통 해야 할 것들을 언제 할지 적는 과정에서 어려움을 겪는다. 그래서 계획을 좀 더 쉽고 명확하게 세울 수 있도록 단계를 세분화했다. 총 4단계로 이루어지는데, 각 단계의 작업이 결코 어렵지 않아서 이를 순서대로 따라오기만 한다면 매우 훌륭한 계획이 세워져 있을 것이다.

계획 수립의 4단계는 다음과 같다.

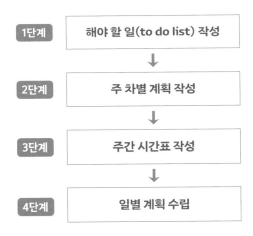

1) 해야 할 일(to do list) 작성

계획 수립의 첫 단계는 해야 할 일들을 적는 것이다. 방법은 상당히 간단하다.

해야 할 일 리스트를 작성하는 법

1. 다음과 같은 양식의 계획표 또는 빈 노트를 준비한다.

과목	학습 자료	범위

2. 왼쪽에는 시험 볼 과목들을 모두 적는다.

3. 과목명 옆에 과목별로 학습해야 할 자료들을 적는다.

4. 자료 옆에 공부해야 할 단원을 적는다.

이것이 끝이다. 너무 쉬워 누구나 할 수 있다. 다만 목적 달성을 위해 다음 세 가지 법칙을 꼭 지켜야 한다.

첫째, 시험 기간에 해야 할 모든 것을 '한 페이지'에 적는다.

이번 시험 기간에 해야 할 모든 것들을 최대한 한 페이지에 적는 것이다. 이 리스트는 단순히 한 번 적고 끝내는 용도가 아니다. 공부하면서 완료한 것들을 표시하여 과목별로 공부가 얼마나 진행되었는지를 한눈에 알 수 있는 내 공부 상태의 '현황판' 역할을 할 것이다.

해야 할 모든 것과 실행 여부가 한 페이지에 적혀 있으므로 이것만 보면 어느 과목 공부가 많이 되어 있고, 어느 과목이 덜 되어 있는지 한눈에 확인 가능하다. 그래서 이후 일정 계획을 세울 때 급한 공부를 우선순위로 둘 수 있는 것은 물론이고 해야 할 것들을 빠짐없이 살펴볼 수 있다.

둘째, 필수 자료가 반드시 포함되도록 하고 부수적인 자료는 필수 자료 뒤에 적는다.

시험 준비에서 단연코 가장 중요한 것은 수업 시간에 사용하는 자료다. 수업에 쓰이는 교과서, 선생님이 주는 프린트물, 부교재를 사용한다면 부교재. 이 세 가지가 가장 중요한 필수 자료다. 나머지 자료는 모두 부수적인 자료다.

공부하는 방법을 잘 모르거나 학원에 시험공부를 의존하는 학생들은 정작 필수 자료는 제대로 보지 않은 채 부수적인 자료에만 시간을 쓰다 결국 시험을 잘 못 보는 경우가 있다.

그러나 학교 시험은 학교 선생님이 출제한다. 선생님은 당연히 학교에서 사용하는 자료를 기반으로 문제를 낸다. 이것만 본다고 무조건 100점을 받을 수 있는 것은 아니겠지만, 100점을 받기 위해 반드시 해야 하는 일임에는 틀림없다.

따라서 해야 할 일을 작성할 때는 학교 수업에서 사용하는 자료를 먼저 적자. 참고서, 학원 자료 등 부가적인 자료는 그 아래에 적는다. 이러면 중요도에 맞춰 공부할 수 있다.

셋째, 공부하며 체크할 수 있도록 소단원 단위로 범위를 적는다.

예를 들어 교과서 대단원 1부터 대단원 2의 소단원 2까지가 시험 범위라고 하면, '1-1, 1-2, 1-3, 2-1, 2-2' 이런 식으로 시험 범위에 해당하는 소단원을 모두 구분해서 적는다. 조금 귀찮게 느껴질 수도 있겠지만 이렇게 적는 이유는 해야 할 일 리스트를 나의 공부 상태를 확인하는 공부 현황판으로 사용하기 위해서다. 공부를 하면서 진행한 것들을 표시할 텐데, 만약 범위를 통으로 '대단원 1, 대단원 2' 같은 식으로 썼다면 하루에 이 범위 전체를 공부하지 않는 한 '했다'고 체크할 수 없다. 이렇게 되면 공부 현황판으로 기능할 수 없다.

따라서 '한 번 공부했을 때 할 수 있는 양'인 세부 단원으로 나눠서 적는 것이 중요하다. 그리고 나서 공부를 하나씩 해나갈 때마다 단원에 동그라미를 쳐서 표시한다. 각 회독의 동그라미 색깔을 구분해서 표시하면 반복 학습 상태까지도 파악할 수 있다.

2) 주 차별 계획 작성

해야 할 일을 적었다면 이제 본격적으로 그것들을 언제 할지 적어보자. 할 공부가 적고 기간도 짧으면 언제 어떻게 나눠서 할지 생각하기가 비교적 쉽다. 하지만 내신 시험 준비처럼 기간도 길고 할 것도 많다면 당장 어떤 것부터 어느 순서로 해야 할지, 그리고 언제까지 무엇을 얼마만큼 해야 할지 감을 잡기 어렵다.

시험이 한 달 남았는데, 해야 할 것을 모두 끝내기 위해 오늘 무엇을 해야 할지 지금 당장 정해야 한다면 너무 막막하지 않겠는가. 만약 정했다고 하더라도, 막연한 감에 의존한 거라면 오늘 그것을 한다고 남은 기간 동안 해야 할 것들을 모두 마칠 수 있을지 의문이 들수밖에 없다.

계획 수립의 최종 목적지는 할 일들을 모두 마치기 위해 당장 '오늘' 무엇을 해야 하는지를 아는 것이다. 내비게이션에서 지금 이 순간에 어느 길로 가야 하는지를 알려주는 것과 같다.

그래서 중간 단계로 '주 차별 계획'을 작성하는 것이 매우 큰 도움이 된다. 주 차별 계획은 한 달 동안 해야 할 일을 주별로 나누는 작업이다. 과목별로 1주 차에 얼마나 해야 하고 2주 차에는 얼마나 해야 할지 나눠보는 것이다. 양식을 보면 훨씬 쉽다.

주 차별 계획 작성하는 법

1. 다음과 같은 양식의 계획표 또는 빈 노트를 준비한다.

주 차	날짜	수학	영어
1주 차			
2주 차			
3주 차			
4주 차			
5주 차			

2. 왼쪽에는 시험 기간에 해당하는 주 차와 날짜를 적는다.

3. 오른쪽 위에는 시험 볼 과목을 하나씩 모두 적는다.

4. 각 칸에는 해당 과목마다 주별로 공부해야 하는 범위를 적는다.

앞서 해야 할 일들을 적었으니 이제 큼직하게 주 단위로 나눠서 해야 할 범위를 써보자. 처음부터 일 단위로 나눠 쓰게 되면 너무 세세해서 작성하기 어렵지만, 주 단위로 큼직하게 나눠서 쓰면 그리 어렵지 않게 쓸 수 있다. 단순하게 생각해서 해야 할 일을 n분의 1로 나눠버리면 된다. 뒤에서 좀 더 자세히 이야기하겠지만, 복습할 것

도 생각해야 하기 때문에 단순히 1회독 기준으로 n분의 1을 잡으면 안 된다. 복습할 것까지 포함해서 n분의 1을 하면 된다.

이렇게 과목별로 매주 해야 할 것을 모두 적었다면, 1주 차에 내가 공부할 부분이 정해진 것이다. 이게 바로 내가 이번 주에 끝내야 할 목표다. 이번 주에 내가 해야 할 일이 그냥 즉흥적으로 결정되어서는 안 된다. 이처럼 해야 할 전체 분량과 기간을 고려해 정해야만 이번 주 목표가 전체 목표 달성을 위한 한걸음이 될 수 있다.

주별 계획은 어렵지 않지만 여기서도 주의해야 할 점이 있다. 앞서 잠깐 언급했듯, 반드시 복습에 대한 계획이 포함되어야 한다는 것이다. 시험을 잘 보기 위해서는 학습 자료들을 최소 3회독 이상, 최상위권이 되기 위해서는 5회독 이상 반복해서 학습해야 한다.

많은 학생이 한두 번 정도 보고 시험을 본다. 그러나 이렇게 해서는 절대 안정적인 고득점을 받을 수 없다. 아무리 머리가 좋아도 한 번 보고 모든 것을 다 기억할 수는 없다. 두 번만 본다고 모든 것을 외울 수 없으며 세 번 이상은 봐야 그나마 전체 내용을 빠짐없이 익힐 수 있다. 완벽에 가까워지려면 다섯 번 이상 봐야 한다.

'한두 번 보고도 점수가 잘 나오던데요?'라고 반론하는 학생도 있겠지만 그건 순전히 운이 좋았던 것뿐이다. 운 좋게 내가 기억을 잘하고 있던 부분에서 시험이 나와서 잘 본 것일 뿐, 잊어버렸거나 어렴풋이 알고 있던 부분에서 문제가 많이 나왔다면 훨씬 낮은 점수를 받았을 수도 있다.

항상 안정적으로 최상위권의 성적을 받는 학생들은 결코 운에 기대지 않는다. 이렇게 계획을 세워 공부하는 이유도 꾸준히 좋은 점수를 받는 게 목적인 만큼, 계획에는 복습을 염두에 둔 반복 계획이 포함되어야 한다.

기간 내에 반복할 시간이 충분하지 않으면 애초에 시험 대비 기간을 더 길게 잡자. 이미 시간이 없는 상황이라면 매일 낭비하는 시간을 최소로 하여 공부 시간을 늘려야만 한다. 그렇게 해서라도 반드시 세 번 이상 반복하고 시험을 볼 수 있도록 계획을 세우자.

3) 주간 시간표 작성

주별 계획 수립을 통해 이번 일주일 동안 해야 할 것이 정해졌다면, 어느 요일에 할지도 정해야 한다.

그런데 이때 무작정 오늘은 무엇을 얼마만큼 하고, 내일은 무엇을 할지 정하다 보면 현실성이 없을 수 있다. 실현 가능성을 키우려면 날마다 실제 공부에 쓸 수 있는 시간을 파악하고, 가용 시간에 맞게 할 일을 분배해야 한다.

이를 위해 필요한 것이 바로 주간 시간표다. 주간 시간표는 일주일 시간표라고 생각하면 된다. 다음과 같은 양식에 월요일부터 일요일까지 시간대별로 일정을 적는다.

시간	월	화	수	목	금	토	일
6시							
7시							
8시							
9시							
10시							
11시							
12시							
13시							
14시							
15시							
16시							
17시							
18시							
19시							
20시							
21시							
22시							
23시							
24시							

여기에 우선 요일별로 고정된 스케줄을 표시한다. 학교나 학원 등 정해져 있는 스케줄을 요일별로 모두 표시한다. 이 외에 취침 시

간, 식사 시간, 이동 시간 등 고정적으로 반복되는 모든 시간을 표시한다.

이렇게 모든 시간을 표시하고 나면 요일별로 남는 시간이 있을 것이다. 우리는 이것을 사용할 수 있는 시간, 즉 '가용 시간'이라고 부른다. 요일별 가용 시간과 학교, 학원 수업을 고려해 요일별로 무엇을 얼마만큼 할지 정하면 된다.

4) 일별 계획 수립

주간 시간표를 통해 일별 가용 시간을 파악했으면 요일별로 무엇을 얼마만큼 할지 정하면 된다. 이렇게 하면 내가 이번 시험 기간에 해야 할 것을 모두 달성하기 위해 '오늘 해야 할 공부'가 나온다. 요일별 해야 할 일의 목록을 적는 것으로 계획 수립은 1차적으로 마무리가 된다. 이제 이에 기반해 매일 해야 할 공부를 실천해 나가면 된다.

지금부터는 공부를 더 잘하기 위해 매일 공부를 시작할 때마다 할 일을 안내하겠다.

일별 계획을 통해 오늘 무엇을 얼마만큼 해야 할지가 정해져 있을 것이다. 그러나 하루 동안 이것들을 무작정 하나씩 하다 보면, 처음에는 여유로워도 막판에는 시간에 쫓겨 할 일을 다 못 끝내는 상황이 벌어질 수 있다.

매일 공부를 시작할 때 앞서 작성했던 주간 시간표와 다음과 같은 양식의 일별 계획을 모두 꺼낸다. 주간 시간표를 보면서 오늘 몇 시부터 몇 시까지 어떤 일들을 해야 할지 표시하자. 오늘의 가용 시간 내에 해야 할 일들을 배치하는 것이다.

과목	범위	확인

이렇게 오늘 해야 할 항목을 언제 할지 정한 다음 그 시간에 맞춰 실행하면 된다. 이렇게 해야 오늘 하루를 어떻게 보내야 할지에 대한 기준이 생겨 계획 달성이 훨씬 수월해진다.

만약 일별 계획을 세워봤더니 생각보다 시간이 부족하고 너무 빡빡하다면 기존 가용 시간 외에 추가로 시간을 낼 방법을 찾아봐야 한다. 대표적인 방법이 자투리 시간을 활용하는 것이다.

우리가 시험 기간 동안 가장 유용하게 활용했던 시간이 학교 쉬는 시간과 점심, 저녁 등 식사 시간이었다. 보통 학생들은 이 시간을 아예 공부를 안 하는, 말 그대로 '쉬는' 시간이라고 생각한다. 하지만 이 시간에도 충분히 공부할 수 있다. 쉬는 시간만 합쳐도 하루에 한 시간 가까이 된다.

만약 식사 시간을 한 시간으로 잡는다면 식사와 양치까지 20분 만에 마치고 남은 40분간 공부를 할 수도 있다. 그렇다면 점심 식사와 저녁 식사 시간을 합쳐 총 1시간 20분가량을 공부 시간으로 확보 가능하다. 등하교나 학원 이동 등 이동 시간이 길다면 이 시간을 활용해도 된다. 가용 시간에 공부량을 해내기가 힘들다면 이처럼 자투리 시간을 찾아보자.

계획을 세울 때는
네 가지를 기억하자

앞서 계획 수립 방법에 대해 모두 살펴보았다. 추가로 계획을 세우다 보면 자주 겪게 되는 문제들에 도움이 될 만한 팁 네 가지를 소개하겠다. 팁이라고 표현했지만 매우 중요한 내용이니 꼭 새겨듣길 바란다.

1) 시험 대비 기간을 길게 잡아라

앞서 계획을 세울 때는 반드시 최소 3회, 최상위권을 목표로 한다면 5회 이상 반복 학습을 할 수 있는 복습 계획을 잡아야 한다고 했다. 그런데 1회독 하는 데만 해도 시간이 꽤 오래 걸린다. 그래서 남들과 똑같은 시간에 3회독 또는 5회독 이상 반복하는 계획을 세우고 실천하기는 매우 어렵다. 따라서 우리가 반복 학습을 해낼 수 있는 가장 좋은 방법은 남들보다 1.5배에서 2배 더 길게 시험공부를 하는 것이다.

보통 시험 대비 기간을 중학생은 2~3주, 고등학생은 한 달 정도로 잡는다. 그러나 이렇게 일반적인 수준으로 대비 기간을 잡아서는 상위권, 최상위권에 다다를 정도의 반복 학습을 하기 어렵다. 따라서 1.5배에서 2배 더 많은 시간을 잡아 반복 학습할 시간을 확보해야 한다.

중학생이라면 최소 한 달에서 한 달 반(4~6주), 고등학생이라면 최소 한 달 반에서 두 달(6~8주) 정도 잡고 공부하자. 이상적으로는 신학기가 시작하는 시점부터 중간고사 기간까지 공부를 해두는 편이 좋다. 중간고사를 마치면 바로 기말고사 기간이라고 생각하고 대비를 시작하자. 이렇게 공부한 학생과 일반적인 시험 기간에만 공부한 학생은 공부량에서 엄청난 차이가 생길 수밖에 없다.

간혹 이런 질문을 하는 학생들이 있다.

"아직 시험 범위도 안 나왔는데 어떻게 시험공부를 미리 해요?"

시험 범위가 아직 정해지지 않았더라도 공부해야 할 자료들과 대략적인 예상 범위는 뻔하다. 중간고사에 들어갈지 기말고사에 들어갈지 애매한 경계에 있는 단원을 제외하고 확실한 단원들부터 공부해 놓으면 된다. 그러다 시험 한 달여를 앞두고 시험 범위가 명확하게 나오면 그때 애매해서 건너뛰었던 부분을 공부하자.

다시 한번 강조하겠다. 상위권에 들려면 최소 3회독 이상 반복해야 하고, 최상위권에 들려면 5회독 이상 반복해야 한다. 남들 다 공부하는 일반적인 시험 기간에 이만큼 반복하려면 시간이 부족하다. 따라서 상위권, 최상위권을 목표로 한다면 필히 시험 기간을 길게 잡아야 한다.

이 말을 듣고 곧이곧대로 실천하는 사람은 원하는 목표를 달성할 수 있을 것이다. 그러나 이를 무시하고 원래대로 하는 사람은 평소 나오던 성적에서 제자리걸음을 하게 될 것이다.

2) 보충 학습을 위한 여유 시간을 계획하라

계획을 세우고 실천을 해나가다 보면 항상 계획에서 밀리는 것들이 생기기 마련이다. 그러므로 계획을 세울 때 이에 대비해서 항상 여유 날짜를 두는 것이 좋다.

주간 계획에서 매주 일요일 하루는 아예 계획을 비워두길 추천한다. 통으로 비우기 어렵다면 최소한 일요일의 절반 정도는 비운다고 생각하고 계획을 잡는 것이 좋다. 그렇게 해야만 주중에 밀렸던 것들을 할 시간이 확보되어 그 주에 해야 할 공부를 밀리지 않고 할 수 있다.

"이번 주에 해야 할 것을 일요일까지 한다고 해도 시간이 빡빡한데, 어떻게 하루를 통으로 비울 수가 있어요?"

이렇게 질문하는 학생도 있다. 이는 앞서 얘기했듯 '시험 기간을 짧게 잡았기 때문에' 발생하는 문제다. 그래서 시험 기간을 길게 잡으라고 하는 것이다.

일반적인 시험 기간으로는 반복 학습 계획까지 여유 있게 세우기가 어렵다. 시험 기간을 길게 잡고, 주간 계획에서 마지막 날 하루는 꼭 여유 날짜로 두자. 그날은 계획한 것들이 밀렸을 때 보충 학습을 할 수 있다.

3) 계획 수정에 너무 부담 갖지 말라

학생들이 계획을 세워서 공부할 때 가장 큰 부담과 스트레스를 받는 부분이 바로 '계획대로 되지 않는 것'이다. 더 나아가서 "어차피 계획대로 되지 않는데 굳이 세워야 해요?"라고 말하는 학생들도 있다. 그러나 앞서 말했듯 계획은 반드시 그대로 되어야만 의미가 있는 것이 아니다. 계획은 우리가 가야 할 길을 안내해 주고 해야 할 것들에 대한 기준을 세워준다는 데 의미가 있다.

계획을 달성하지 못했거나 틀어지는 경우 기존 계획에 너무 얽매여 스트레스를 받지는 말자. 그 상황에서 다시 계획을 세우면 된다. 앞서 여유 날짜를 두라고 한 것도, 주간 계획을 진행해 나가다 보면 계획대로 하지 못한 밀린 공부를 하기 위함이지 않은가. 계획은 이상적인 이정표일 뿐 충분히 변경할 수 있다.

오늘 미처 못 끝낸 공부는 내일, 그리고 여유 시간에 마저 하면 된다. 만약 이번 주 계획이 밀렸다면, 다시 주 차별 계획과 주간 계획을 수립하자. 내비게이션도 길을 잘못 들거나 예상과 다르게 특정 구간에 차가 밀리면 경로를 재탐색해서 최선의 길을 다시 안내해 주지 않는가? 계획도 마찬가지다. 그 상황에서 최선의 계획을 새로 수립하고, 이에 맞춰 그때그때 최선을 다하면 된다.

또한 계획이 틀어진 것과 별개로 미리 세워둔 계획을 조정하는 일도 불편해하지 말자. 예를 들어 오늘은 수학을, 내일은 영어를 공부하기로 계획을 세워놨었는데 막상 오늘 수학 공부를 하려고 하니 너무 하기 싫고 집중이 안 될 수 있다. 그러면 계획을 수정해 내일 해야 할 영어를 오늘 하고 수학은 내일 하는 식으로 바꿔도 된다.

그 순간에 집중이 더 잘 되는 과목들이 있기 마련이다. 어차피 모두 해야 할 공부라면 좀 더 집중이 잘 되는 과목이 있을 때 이런 식으로 조절해 가며 공부해도 된다.

4) 급한 불부터 꺼라

앞서 말했듯 공부하다 보니 기존 계획에서 많이 틀어졌다면, 그때의 공부 상황을 기반으로 삼아 원점에서 다시 시작한다는 생각으로 계획을 조정하면 된다. 이때 주의할 점이 바로 '급한 불부터 끄는 것'이다.

지금까지 계획을 세워 공부해 왔다면 공부를 마친 것들과 아직 마치지 못한 것들이 표시되어 있을 것이다. 계획을 새로 세울 때는 작성해 두었던 해야 할 일 리스트를 먼저 확인해 보고 과목별 공부 상태를 살펴보자. 어떤 과목은 이미 80% 이상 공부가 되어 있는 반면 어떤 과목은 절반도 되어 있지 않은 상황이 있을 수도 있다. 어떤 자료는 두세 번 이상 반복했는데 어떤 자료는 아직 한 번도 보지 않았을 수도 있다.

이런 상황에서 시급하게 해야 할 것들은 당연히 공부가 덜 되어 있는 과목, 아직 시작도 안 했거나 거의 하지 못한 학습 자료다. 이런 것들이 바로 '급한 불'이다. 계획을 새로 세울 때는 이 급한 불을 먼저 끌 수 있도록 우선 배치하여 일정을 짜야 한다. 그렇게 하면 과목 간, 그리고 과목 내에서도 학습 자료들을 빠짐없이 공부할 수 있다.

공부하며 불안한 마음이 드는 것은 내가 아직 준비하지 못한 무언가가 무의식적으로 신경을 건드리기 때문이다. 이러한 불안감을 가장 효과적으로 없애는 방법은 나를 불안하게 만드는 것이 무엇인지 확인한 뒤 이를 제거하는 것이다.

시험공부에서 불안의 원인은 제대로 공부되어 있지 않은 과목과 학습 자료다. 급한 불이 무엇인지 찾아서 그것들을 하나씩 해치워 나가다 보면, 어느새 그 불안감이 사라지고 마음이 편해진 자신을 발견할 수 있을 것이다.

해야 할 일 작성부터 오늘의 계획, 그리고 수립 관련 팁까지 계획 세우는 법에 대해 모두 살펴보았다. 계획은 최종 목적지까지 가야 할 길을 내게 알려주는 내비게이션 역할을 해줄 것이다. 막연하고 막막한 공부를 어디서부터 어떻게 시작해야 할지 그 길을 알려줄 것이다.

이렇게 계획을 세워서 공부하는 것이 처음엔 어색할 수도 있다. 하지만 한두 번만 해보면 생각보다 쉽게 익숙해진다. 우리가 지도했던 대부분의 학생이 문제없이 잘해냈으니 그리 어렵지 않다. 이제 계획을 시작해 보자. 다음 시험 준비부터 계획을 세워 원하는 목표를 달성하길 바란다.

내신 시험을
완전 정복하는 법

시험을 잘 보고 싶다면
시험지를 분석하라

　공부는 정말 열심히 하는데 성적은 잘 나오지 않는 친구들이 있는가 하면, 별로 열심히 하는 것 같지 않은데 성적이 잘 나오는 친구들도 있다. 만약 열심히 하는데 성적이 잘 나오지 않는다면 시험에 잘 출제되지 않거나 별로 도움이 되지 않는 것에 많은 시간을 쓰고 있기 때문이다. 시험 문제가 어디서 어떻게 출제되는지를 안다면 같은 시간을 쓰더라도 훨씬 더 좋은 성과를 거둘 수 있다.

　너무 당연한 말인가? 그렇지만 생각보다 많은 학생이 이에 대한 고민 없이 그냥 되는대로 공부한다. 반면 공부를 잘하는 학생들은 시험 문제의 출제 방향을 고민하며 최대한 효율적으로 공부하려고 노력한다.

그러면 시험이 어디서 어떤 식으로 나오는지는 어떻게 알 수 있을까? 시험 문제를 100% 정확히 알 수는 없겠지만 상당히 효과적인 방법 두 가지가 있다. 첫째는 학교 수업에 집중하는 것이고, 둘째는 이전에 본 시험지를 분석하는 것이다. 학교 수업에 대한 내용은 뒤에서 설명하고 여기서는 시험지 분석에 대해 이야기해 보겠다.

출제자의 의도를 파악하면 시험이 쉬워진다

공부 잘하는 사람들의 단골 조언이 있다.

'출제자의 의도를 파악하라.'

'출제자의 눈'을 가지라는 이야기다. 보통 이런 이야기는 문제를 풀 때 출제자의 관점에서 생각하고 문제를 바라보면 정답을 찾기 쉬워진다는 걸 의미한다. 그러나 우리는 문제를 풀 때만이 아니라 시험 준비를 할 때도 출제자의 관점에서 공부하는 것을 추천한다.

출제자가 중요하게 생각하는 내용을 중심으로 공부하는 것이 공부의 효과와 효율을 높이는 지름길이다. 그리고 출제자의 성향과 의도를 가장 정확하게 파악할 수 있는 방법은 바로 '시험지 분석'이다.

시험지 분석을 하는 상황은 두 가지로 나뉜다. ① 해당 선생님과의 첫 시험이라 이전 시험지가 없는 경우, ② 이미 해당 선생님의 시험을 치러서 이전 시험지가 있는 경우다. 먼저 이전 시험지가 있는 경우의 방법을 소개하겠다.

보통 한 교과 선생님이 1년 동안 이어서 가르치는 경우가 많기 때문에 1학기 중간고사를 제외한 나머지 시험들에서는 이전 시험지가 있을 것이다. 학년을 함께 올라와서 같은 선생님이 연달아 담당하는 경우라면 1학기 중간고사에도 이전 학년 때 봤던 시험지가 있을 것이다.

시험지 분석은 크게 두 가지 작업을 생각하면 된다. 바로 출처 분석과 출제 방식 분석이다.

1) 출처 분석하기

출처 분석은 시험 문제를 어느 자료에서 냈는지를 파악하는 작업이다. 시험지와 시험 대비 자료를 모두 가져와서 한 책상에 펼쳐놓는다. 시험지를 펴놓고 1번부터 살펴보며 그 내용이 어떤 자료의 어디에서 나왔는지 시험 대비 자료에서 찾는 것이다.

선생님들은 보통 수업 자료로 교과서와 프린트물 또는 교과서와 부교재를 사용한다. 그리고 선생님이 수업 시간에 해준 필기 내용도 있을 것이다. 한 문제씩 보며 그 자료 중 어떤 부분에서 나왔는지를 찾아본다.

선생님들이 문제를 내는 방법은 크게 두 가지다. ① 직접 문제를 만드는 경우, ② 기존에 있던 문제를 변형해서 내는 경우. ①은 기존에 있던 자료들의 내용을 조합하고 활용하여 만드는 것이고, ②는 말 그대로 기존에 있던 문제 중 하나를 가져와 문제 내용 중 일부를 변형해서 출제하는 것이다.

따라서 문제들을 보면서 ①의 경우라면 어느 단원의 어느 파트에서 문제가 나왔는지를 찾아 문제 위에 적는다. 선생님이 교과서나 프린트의 어떤 부분의 내용으로 문제를 냈는지 직접 찾아보는 것이다.

선생님에 따라 본문 내용 중심으로 문제를 내는 사람도 있지만, 교재에서도 구석에 있는 '더 알아보기', '창의 탐구', '본문 옆 날개'처럼 학생들이 무심코 넘기기 쉬운 곳에서 시험 문제를 내는 선생님이 있다. 또한 교과서 위주로만 내시는 선생님이 있는가 하면, 프린트나 부교재 중심으로 문제를 내는 선생님, 수업 필기에서 문제를 많이 내는 선생님이 있는 등 스타일이 다양하다. 우리가 해야 할 일은 바로 이것을 알아내는 것이다. '우리 선생님은 어떤 자료의 어떤 부분에서 문제를 내는 타입이구나'를 알아내는 것.

한편, 기존에 있던 문제를 변형해서 내는 경우도 많다. 특히 부교재를 사용하거나 문제가 들어 있는 프린트를 사용한다면 여기 있는 문제들을 변형해 시험 문제로 출제하는 경우가 많다.

이 경우에도 해당 문제가 어느 자료의 어떤 파트에 있는 내용을 활용했는지를 분석하자. 동시에 교과서, 프린트물, 부교재에 있는 문제를 변형한 버전인지도 살펴보자. 문제 내용을 보면 어떤 단원인지 알 수 있으므로 각 자료의 해당 단원을 펼쳐놓고 살펴보면 금방 확인할 수 있다.

특히 수학 과목은 학습 자료가 문제 위주로 구성되어 있어서 이런 방식의 출처 분석으로 매우 큰 효과를 볼 수 있다. 고난도 문제는 직접 만들어서 출제하기가 어렵기 때문에 기존 자료에서 변형하는 경우가 상당히 많다.

이처럼 시험지 전체 문제에 대해 출처 분석을 진행해 보면 선생님이 어느 자료의 어떤 파트에서 주로 문제를 출제하는지 알 수 있다. 그러면 이제 시험공부를 할 때 해당 파트를 더 집중해서 봄으로써 중요한 것을 놓치지 않고 공부할 수 있게 된다.

2) 출제 방식 분석하기

출처 분석과 동시에 해야 하는 것이 출제 방식 분석이다. 앞서 선생님이 문제를 어디서 냈는지를 확인했다면 '어떻게' 냈는지도 알아봐야 한다. 학습 자료에 있는 문구나 문제를 그대로 가져와 내는지, 같은 내용이지만 표현을 바꿔서 내는지, 내용을 응용하고 변형해서 내는지 등을 확인한다.

특히 내용을 응용하거나 한 번 비틀어서 내는 경우라면, 학습할 때 이 부분을 염두에 두어야 한다. 즉 이전에 나왔던 문제의 변형 방식을 토대로 해당 내용이 어떤 식으로 변형될 수 있을지를 떠올리며 공부해야 한다.

문제를 어떻게 내는지 알아보는 것을 넘어 시험지 전체를 어떻게 구성하는지 분석해 보는 과정도 필요하다. 쉬운 문제와 어려운 문제의 비율, 객관식·단답형·서술형 문제 수의 비율, 그리고 각 문제의 출처와 출제 방식까지 살펴보면 시험지 전체 구성과 그 출제 원리를 파악할 수 있다.

이렇게 시험지 분석을 마치고 나면 이제는 명확히 어떤 자료를 가지고 어떻게 공부해야 할지에 대한 감이 잡힌다. 그러면 공부하는 시간을 효율적으로 쓸 수 있다.

시험지 분석은 매우 효과적이고 강력한 시험 대비 수단이다. 하지만 보다시피 꽤 많은 노력이 필요한 작업이다. 그리고 이미 지난 시험에 대해서는 잊어버리고 신경 쓰지 않는 경우가 많아서 대부분의 학생이 이를 하지 않는다.

'굳이 이렇게까지 해야 해?'라고 생각할 수도 있다. 그런 학생들에게 이야기해 주고 싶다. 지금 시험지를 분석하는 데 쓰는 하루의 시간이 앞으로 시험을 대비할 시간을 어마어마하게 아껴줄 수 있다고. 그리고 그렇게 애써서 열심히 노력한 시간을 헛되지 않게 해줄 것이라고. 또한 처음에는 어렵지만 한번 해보고 나면 생각보다 어렵지 않고 익숙해지면 금방 할 수 있게 되니, 우선 시도해 보라고 말해주고 싶다.

많은 학생이 이 작업을 하지 않기 때문에, 오히려 시험지를 성실히 분석한 학생은 이미 시작부터 엄청난 경쟁 우위에 서게 된다. 경쟁에서 남들이 다 하는 똑같은 방식으로만 움직인다면 우위를 점하기 힘들다. 가장 현명한 방법은 남들이 보지 못하고 하지 않는, 그러면서도 엄청난 효과를 가져다주는 과정을 해나가는 것이다.

시험 대비를 하는 데 있어 시작은 내가 무엇에 집중해서 어떻게 공부할지를 명확하게 아는 것이다. '시험지 분석'이 바로 그 출발점이다.

모르는 것에 집착하라

상위권과 최상위권의 차이는 무엇일까? 그 차이는 '모르는 것에 대한 집착' 정도에 있다. 상위권과 최상위권의 차이가 구체적으로 어떻게 벌어지는지, 그래서 우리는 어떤 마음가짐으로 공부해야 하는지와 관련하여 세 가지를 이야기해 보려 한다.

1) 어떤 것이든 시험에 나올 수 있다

학생들을 지도하다 보면 '이건 별로 안 중요하니까 넘어가도 돼', '설마 이런 것까지 시험에 나오겠어?'라고 자의적으로 중요도를 판단해 일부 내용을 흘려넘기는 상황을 자주 본다.

그러나 최상위권의 학생들은 시험 문제가 어떻게 나올지 모르니 어떤 문제가 나오더라도 다 맞힐 수 있게 학습 자료에 있는 모든 내용을 세세하게 파고들며 공부하는 경향이 있다. 실제로 시험을 보고 난 뒤 잘 못 본 어떤 학생은 선생님을 원망하며 "무슨 이런 곳에서 문제를 낼까요?"라고 한탄하기도 한다. 그런데 시험은 원래 어디서 나올지 완벽히 예측할 수 없다. 최상위권 학생들은 그것을 알기 때문에 무슨 문제든 나올 수 있다는 관점을 갖고 공부한다.

학교에서 쓰는 핵심 학습 자료인 교과서, 프린트물, 부교재, 선생님 필기 중 어떤 것이든 시험에 나올 수 있다는 마인드로 빠짐없이 공부하려는 자세를 지녀야 한다. 그래야 시험 문제가 어디서 나와도 안정적으로 좋은 점수를 거둘 수 있다.

2) 한 번 봐서는 절대 기억할 수 없다

앞서 계획 수립에 관해 이야기하면서 상위권의 성적이 나오려면 최소 3번 이상 반복해야 하고, 최상위권의 성적이 나오려면 최소 5번 이상 반복 학습해야 한다고 했다. 어떤 내용을 한 번 봐서는 절대 완벽하게 기억할 수 없기 때문이다. 공부하는 그 순간에는 모든 내용이 이해되어 나중에 보면 그대로 떠오를 것 같지만, 절대 그렇지 않다. 운이 나빠서 잊어버리는 게 아니라 필연적으로 잊어버리게 되어 있다는 사실을 명심해야 한다.

사람마다 정도의 차이가 있겠지만, 우리 경험상 반복 횟수에 따라 기억에 남는 정도를 단순하게 나타내면 다음과 같다.

1회독을 하고 일주일만 지나도 전체 내용의 절반 가까이를 잊어버린다. 2회독을 하면 그제야 전체 내용의 70~80% 정도가 기억에 남고, 3회독을 하면 90%에 가까운 정도로 내용을 기억한다. 4회독을 넘어 5회독까지 하게 되면 95% 이상, 잘하면 100%에 가까운 수준까지 기억할 수 있게 된다.

그래서 우리는 애초에 공부할 때 5번 정도는 반복할 각오로 임했다. 1회독을 할 때는 모든 것을 외우겠다는 생각보다는 전체 내용을 이해한다는 개념으로 본다. 이해되지 않는 내용이 없도록 막히는 것들을 해결해 가면서 끝까지 간다.

그리고 2회독을 할 때부터는 본격적으로 외운다는 생각으로 공부를 시작한다. 다만 2회독만으로 결코 다 외울 수 없다는 것을 알기 때문에, 2회독을 할 때는 너무 쉬워서 내가 다시 안 봐도 기억할 수 있는 것과 조금이라도 난해해서 다시 봐야 할 것을 구분해 표시한다. 넘어가도 될 부분은 화살표 표시, 다시 봐야 할 부분에는 체크 표시를 해서 구분한다.

3회독을 할 때 화살표 부분은 빠르게 훑고 넘어가고 체크 표시된 부분을 중점적으로 다시 공부한다. 이 과정에서 완벽하게 암기했다고 판단되는 내용은 화살표로 바꾸고, 아직도 더 봐야겠다고 생각되는 내용은 체크 표시를 또 하나 해둔다. 4회독, 5회독도 마찬가지다. 모든 체크 표시가 화살표가 될 때까지 반복한다.

이렇게 해서 전체 내용에 화살표가 생기면, 시험 볼 준비가 되었다고 자신 있게 얘기할 수 있을 것이다.

3) 어려운 것이 어렵지 않게 느껴질 때까지 공부한다

시험에서 못 풀거나 틀리는 문제들은 어려운 문제일까, 쉬운 문제일까? 당연히 어려운 문제일 것이다. 그러면 공부할 때 쉬운 것에 집중해야 할까, 어려운 것에 집중해야 할까? 당연히 어려운 것에 집중해야 한다. 너무 뻔한 얘기를 왜 하나 싶겠지만 수많은 학생이 공부할 때 쉬운 것만 반복한다. 어려운 것은 적당히 하고 넘긴다.

특히 수학 공부를 하다 보면 '킬러', '준킬러'라고 불리는 어려운 문제들이 나온다. 이런 문제들을 공부하는 것은 상당히 힘들기에 큰 노력이 필요하다. 그러다 보니 학생들이 어려운 문제가 나오면 적당히 해설을 본 뒤 이해했다고 생각하고 한두 번 계산을 따라 써보고는 넘어간다. 그런데 이런 수준으로 공부하면 그 문제가 시험에 변형되어 나왔을 때 풀 수 없다. 여기서 문제를 틀리게 되는 것이다.

우리가 문제를 출제하는 학교 선생님이 되었다고 상상해 보자. 시험 문제를 낼 때는 공부를 열심히 한 학생들과 적당히 한 학생들을 변별하기 위한 문제를 출제해야 한다. 그러면 어떤 문제들을 내게 될까? 적당히 공부한 학생들이라면 주의 깊게 보지 않았을 것 같은 부분이나 어려운 내용이라 열심히 공부하지 않았다면 모를 것들에서 시험 문제를 내지 않을까? 그런 곳에서 내야 변별이 되기 때문에 이런 문제들이 항상 나오게 된다.

그러므로 공부하다가 어려운 내용이 있다면 오히려 '아, 여기서 시험 문제가 나올 수도 있겠다'라고 생각하고 더 집중해서 완벽히 마스터해야 한다. 모르는 친구에게 내가 설명할 수 있는 수준으로 여러 번 반복하고 익혀서, 더는 그 내용이 어렵지 않다고 느껴질 때까지 공부해야 한다. 그렇게 공부하고 나면 거기서 어떤 시험 문제가 나와도 풀어서 맞힐 수 있다.

처음에는 어려웠던 모든 내용이 어렵지 않게 느껴질 때까지 반복해서 완벽하게 익혀야 최상위권으로 올라간다. 어떤 것이든 시험에 나올 수 있다고 생각하라. 한 번 봐서는 절대 기억할 수 없으니 5번 이상 반복하여 모르는 게 없도록 하라. 어려운 모든 것이 더 이상 어렵지 않게 느껴질 때까지 공부하라. 이렇게 하면 반드시 최상위권의 실력을 갖추게 될 것이다.

실수를 줄이는
가장 확실한 방법

시험이 끝나고 학생들에게 듣는 가장 대표적인 말이 바로 '아는 건데 실수로 틀렸어요'다. 차라리 몰라서 틀렸으면 억울하고 분하지라도 않지, 아는데 틀리면 더 억장이 무너지고 분통이 터진다.

'실수도 실력이다'라는 말이 있듯 실수로 틀리는 것도 역량 부족이다. 왜냐하면 실수를 자주 하는 학생은 계속 실수하지만, 실수를 잘하지 않는 학생은 실전에서도 거의 실수하지 않기 때문이다. 실수도 학생의 실력에서 비롯된다.

'실수' 하면 가장 쉽게 떠올리는 것이 수학에서의 계산 실수다. 그런데 사실 이것도 자세히 살펴보면 운이 나빠서 우연히 실수하는 게 아니다. 정확히 계산하는 능력이 부족하기 때문에 실수를 하게 된다.

문제를 잘못 읽어서 실수했다는 경우도 많다. 이것 또한 운이 나쁜 것이 아니다. 문제를 꼼꼼하게 읽는 훈련이 부족했기 때문이다. 꼼꼼하고 정확하게 읽어내는 것도 실력이다.

물론 누구든 실수할 수 있다. 그러나 그 빈도가 많고 적은 것은 분명 실력 차이에 달려 있다.

그렇다면 실수를 줄이기 위해서는 어떻게 해야 할까? 실수를 줄이기 위해서는 그 원인을 파악하여 고쳐야 한다. 실수하게 되는 대표적인 상황과 이에 대한 해결책에 대해 이야기해 보겠다.

수학에서 실수를 많이 하는 이유

수학에서의 실수는 대부분 계산 과정에서 오류가 생기는 경우다. 계산 실수를 유발하는 대표적 상황 세 가지와 이를 해결하는 방법을 알아보겠다.

1) 풀이 과정을 중구난방으로 쓴다

직업상 학생들이 수학 문제를 푸는 모습을 보는 일이 많다. 그럴 때 한 줄, 한 줄 정리하면서 문제를 푸는 학생이 있는가 하면 여기 끄적, 저기 끄적하면서 중구난방으로 풀이하는 학생도 있다.

풀이 과정을 중구난방으로 쓰면 압도적으로 계산을 실수할 가능성이 커진다. 머릿속의 사고 과정이 산만하게 전개되고 있다는 의미다.

사고 과정이 정돈되지 않았다면 자연스레 계산하면서 오류가 발생할 가능성이 높아진다. 특히 단순 사칙연산이 아니라 복잡한 식을 전개하거나 경우를 나눠 결과를 도출해야 하는 경우라면 빠뜨리는 계산이 발생할 수도 있다.

또한 풀이를 여기 저기 쓰다 보면 풀이 과정의 흐름이 사라진다. 중간 결과가 이상하거나 풀었는데 선지에 답이 없는 경우, 계산 과정을 다시 돌이켜 보며 문제가 있는 곳을 찾기가 힘들다. 반대로 풀이 과정을 한 줄 한 줄 정리해서 써뒀다면, 문제가 있을 때 앞에서부터 한 줄씩 검토하면서 오류가 생긴 부분을 금방 찾아낼 수 있다.

2) 불필요하게 암산을 많이 한다

암산을 지나치게 많이 해도 계산 실수가 날 수 있다. 습관적으로 암산을 많이 하는 학생들이 있다. 특히 본인이 머리가 좋다고 생각하는 친구들 중에 이런 경우가 많다. 마치 암산을 하는 것이 뭔가 더 멋있고 대단하다고 느끼는 심리가 있는 것 같다. 심한 경우에는 직접 써서 하는 것보다 시간이 더 오래 걸리는데도 기어코 암산을 하려고 한다.

그러나 이러한 습관은 실수를 유발하는 치명적인 원인이다. 단순 사칙연산 수준이야 계산 과정이 단순하니 암산으로 할 수 있겠지만, 복잡성이 조금이라도 높아지는 계산에서 암산을 하면 실수가 생길 수밖에 없다.

따라서 정말 사소한 계산이 아니라면 가능한 한 직접 써서 계산하는 습관을 들여야 한다. 써서 계산하는 것이 습관이 되면 결코 암산보다 느리지 않다. 게다가 계산 실수가 있을 때 검토할 수 있는 근거가 되어준다.

3) 틀리는 걸 경계하지 않는다

계산 실수가 발생하는 또 다른 주요 원인은 틀리는 걸 심각하게 여기지 않는다는 것이다. 사실 어느 정도 이해가 가기도 한다. 평소에 숙제를 할 때 학생들의 가장 큰 목표는 문제를 최대한 빨리 푸는 것이다. 게다가 시험과 달리 숙제는 틀려도 본인에게 큰 피해가 없으니 더더욱 계산을 유의할 필요가 없다. 이러한 이유로 숙제할 때 계산을 실수하는 경우가 상당히 많다.

숙제에서 몇 문제를 실수로 틀리는 건 큰 문제가 되지 않는다. 문제는 평소 습관이 실제 시험에서도 그대로 이어진다는 것이다. 계산하며 주의하지 않던 습관이 그대로 시험 시간에도 발현되어 실수를 유발하게 된다.

따라서 계산 실수를 줄이기 위해서는 평소에 숙제할 때부터 계산 실수를 경계하고, 가지고 틀리지 않기 위해 집중하는 습관을 들여야 한다. 한 줄 한 줄 풀이 과정을 쓰면서 계산 실수는 없는지 의식적으로 빠르게 확인한 뒤 넘어가는 습관을 들이자. 그러다 보면 나중에는 무의식적으로 계산을 검토하며 풀이를 전개하는 경지에 다다르게 된다.

실수 오답 노트를 만들어라

수학과 더불어서 어떤 과목이든 실수를 줄이기 위한 가장 좋은 방법으로 실수 오답 노트를 추천한다. 실제로 실수를 많이 하는 편이었던 우리도 이것의 도움을 많이 받았다.

실수 오답 노트란 실수해서 틀린 문제들만 모아 오답 노트를 만드는 것이다. 이렇게 실수한 문제들만 모아서 보면 내가 어떤 부분에서 자주 실수하는지 알 수 있다. 풀이 전개를 잘못해서 틀린 문제도 있고, 부호를 잘못 바꿔서 틀린 문제, 아니면 어떤 조건을 빠뜨려서 틀린 문제도 있을 것이다.

주의할 점은 문제를 틀린 이유를 '계산 실수'처럼 간단하게 쓰지 말고 구체적으로 적어야 한다는 것이다. 단순히 '문제를 잘못 읽음'이 아니라 잘못 읽은 구체적 내용과 상황을 정리해야만 비슷한 실수를 줄일 수 있다.

이렇게 만들어둔 실수 오답 노트는 시험 보기 전에 복습하면 큰 도움이 된다. 이전에 어떤 부분에서 실수했는지 되뇌면 비슷한 문제를 풀 때 그것을 의식하게 되어 실수가 줄어든다.

고등학교 친구 중 항상 좋은 성적을 거둬 서울대에 입학하고, 이후에는 하나도 붙기 어렵다는 국가고시인 입법고시와 행정고시를 같은 해 동시에, 심지어 입법고시는 수석으로 합격한 친구가 있다.

어떻게 이런 성과를 거둘 수 있었냐는 질문에 이 친구는 '실수를 줄이기 위해 시험장에서 발생할 수 있는 모든 실수에 대한 상황을 시뮬레이션했다'라고 말했다. 공부하면서 발생하는 실수들을 모두 기록하고 비슷한 유형끼리 분류했다고 한다. 그리고 이를 다시 돌아보며 '내가 이런 문제를 풀 때 이런 실수를 자주 하는구나'를 인식한 다음, 이것들을 모두 머릿속에 집어넣은 뒤 시험장에 들어갔다고 한다. 시험장에서는 그러한 유형의 문제가 나올 때 실수했던 점을 떠올려서 같은 실수를 반복하지 않게 되었다고 한다.

결국 실수는 운이 아니라 실력인 것이다. 이 사실을 인정해야 한다. 실수를 실력의 관점으로 바라보면 문제의 원인을 찾고 이를 개선해 나갈 수 있다. 의식적으로 개선하려고 노력하면 실수는 충분히 극복할 수 있다. 실수를 줄여 지금껏 해왔던 노력이 헛되지 않게 되기를 바란다.

학교 수업을
열심히 들어야 하는 이유

　요즘 학생들에게 이야기를 들어보면 학교에서 수업을 열심히 듣는 친구가 별로 없다고 한다. 이미 학원에서 다 배웠거나 어차피 학원에서 할 거라 학교 수업을 굳이 들을 필요가 없다는 것이다. 그래서 학교 수업 때 보통 학원 숙제를 하거나 다른 공부를 한다고 한다.

　이런 이야기를 듣고 한편으로는 이해가 되었지만, 너무 당당하게 학교 수업을 듣지 않는다는 태도를 보고 걱정이 되었다. 그냥 적당히 공부하는 것이 목표라면 어떻게 공부하든 상관없겠지만, 최상위권이나 성적 상승을 목표로 하는 학생들이라면 이는 절대 바람직하지 않다. 성적 향상에 비효율적인 방식이기 때문이다.

그래서 학생들이 간과하는 사실 두 가지를 기반으로 학교 수업을 열심히 듣는 것이 왜 중요한지, 왜 반드시 그래야 하는지에 대해 이야기해 보겠다.

1) 출제자가 눈앞에 있다는 사실을 명심하라

앞서 시험지 분석에 관해 이야기하면서, 열심히 공부하는데도 성적이 잘 나오지 않는 이유는 시험에 나오지 않을 것에 시간을 쓰며 비효율적으로 공부하기 때문이라고 했다. 다시 말해 어떤 것들이 중요하고 시험에 나올 가능성이 큰지 알고 있다면 훨씬 효율적으로 공부할 수 있다. 시험이 어떻게 나올지 아는 방법은 바로 '출제자의 눈'을 가지는 것이다.

내신 시험에서 출제자는 누구인가? 수업을 하는 학교 선생님이다. 선생님의 강의력이 어떻든 간에 선생님은 학생들에게 가르쳐야 할 내용을 모두 가르쳐줄 것이고, 그 안에서 본인이 중요하게 생각하는 부분을 강조할 것이다. 그리고 시험 출제를 할 때 본인이 중요하게 생각하는 부분을 반드시 포함할 것이다. 본인 수업을 열심히 들은 학생, 본인이 준 자료를 열심히 공부한 학생이 시험을 잘 보도록 시험 문제를 낼 것이다. 이는 지극히 상식적인 행동이다.

그러나 많은 학생이 이런 사실을 간과한다. 그리고 출제자가 아닌 학원 선생님의 수업과 학원 선생님이 주는 자료에 집중해서 공부한다. 너무나 아이러니하고 안타까운 상황이 아닐 수 없다. 시험 문제를 내는 사람이 눈앞에 있는데, 그 사람의 이야기는 무시하고 전혀 관련 없는 사람의 말에 집중하는 현실이라니.

내신에서 최상위권의 성적을 거두는 학생들을 보면 대부분 학교 수업을 성실히 듣는다. 앞서 말한 학교 선생님이 시험 출제자이며 선생님이 수업에서 말하는 것이 가장 중요하다는 사실을 알기 때문이다.

비유하자면, 수능을 준비하고 있는데 수능 출제위원이 수능 한 달 전에 족집게 특강을 해준다는 것이다. 그러면 당연히 모든 것을 제쳐두고서라도 가서 듣지 않겠는가? 학교 선생님의 수업도 마찬가지다.

이미 배웠거나 어차피 학원에서 배울 것이기 때문에 수업을 듣지 않는다는 것은 말도 안 되는 소리다. 최상위권 학생들은 과연 그 내용을 몰라서 수업을 듣고 있을까? 나보다 더 잘하는 최상위권 학생들도 그렇게 수업에 집중하고 있는데, 그보다 못하는 내가 수업에 집중하지 않는다면 이미 질 수밖에 없는 방법으로 공부하는 셈이다. 그렇게 공부하면서 시험을 잘 보길 기대한다면 오만하게 욕심을 부리는 것이다.

학교 선생님의 수업을 주의 깊게 들으면 얻을 수 있는 게 많다. 분명히 교재에 있는 내용이더라도 모두 다 똑같은 중요도로 가르치지 않는다. 특정 부분을 더 자세하고 깊게, 그리고 부가적인 내용까지 함께 설명할 때가 있을 것이다. 이게 바로 선생님이 중요하다고 생각하는 부분이다.

반면 교재에 있지만 건너뛰거나 가볍게만 짚고 넘어가는 부분도 있을 것이다. 항상 그렇다고 할 수는 없지만 대부분 선생님이 중요하게 생각하지 않는 부분이다. 선생님 입장에서도 제한된 수업 시간 내에 많은 내용을 가르쳐야 하기 때문에 당연히 중요한 것 위주로 더 시간을 써서 설명할 수밖에 없다.

수업 시간에 다루지 않은 부분이 있다면 공부하지 않고 적당히 넘겨도 될지 고민하는 학생이 많을 것이다. 이런 경우 선생님에게 솔직하게 물어보자.

"선생님, 이런 것까지 공부해야 해요?"

선생님이 알려줄 수도 있고 알려주지 않을 수도 있다. 어차피 밑져야 본전이다. 만약 "이건 안 해도 돼"라고 선생님이 명확하게 얘기해 준다면 더할 나위 없이 좋다. 그걸 보느라 시간 쓸 필요가 없어지기 때문이다. 만약에 선생님이 애매하게 대답했다면 어떻게 될지 모르니 공부해야 한다.

선생님에게 조언을 구하는 걸 두려워하지 말라. 시험에 나올 문제를 가르쳐달라는 게 아니지 않은가.

"선생님, 저 이번 시험을 진짜 잘 보고 싶은데 어떤 식으로 공부해야 해요? 뭘 위주로 해야 할까요?"

그러면 "선생님이 주는 자료를 열심히 봐"라거나 "자료 아닌 것들 중에서 문제가 나올 수 있으니 다른 문제들도 풀어봐"라고 힌트를 주는 선생님들도 있다. 선생님 입장에서도 이렇게 공부를 열심히 하려고 질문하는 학생들을 기특하게 여기지, 안 좋게 볼 리는 없기 때문이다. 도움을 줬으면 줬지 일부러 다르게 얘기해 골탕 먹일리는 없으니 눈앞에 있는 출제자를 적극 활용하길 바란다.

2) 내신을 무시하고 수능에서 성공할 거라는 기대를 버려라
학원에서 학생들을 상담하다 보면 자주 듣는 질문이 있다.

"선생님, 저는 정시로 대학을 갈 건데 굳이 내신 공부를 해야 하나요?"
"학기 중에 내신 공부만 하면 수능 공부는 언제 하나요?"

질문하는 의도는 이해가 된다. 그러나 매우 잘못된 전제가 깔려 있기 때문에 바로잡아 줄 필요가 있다. 잘못된 전제는 바로 '내신과 수능 준비는 다르다'는 생각이다.

많은 학생이 내신 준비와 수능 준비가 별개라고 생각하고 학습 계획을 짠다. 가장 많이 볼 수 있는 모습이 시험 기간이 아닐 때는 수능 위주의 공부를 하다가 내신 시험을 한 달여 앞두고 내신 공부를 하는 것이다. 내신 시험에서 이미 몇 번 안 좋은 성적을 거둬 수시는 가망이 없다고 생각하는 학생들이 내신을 아예 무시하고 수능 위주의 공부만 하는 경우도 많다.

두 가지 모두 크게 잘못된 태도다. 그렇게 공부했을 때 좋은 결과가 나올리는 없다. 왜 그럴까?

우선 시험 기간이 아닐 때 수능 대비를 하다가 시험 기간에만 내신 공부를 하는 경우가 왜 나쁜지 알아보자. 앞서 내신에서 상위권 또는 최상위권의 성적을 거두기 위해서는 최소 3회에서 5회 이상 반복 학습이 필요하며, 이를 위해서 고등학생은 최소 한 달 반에서 두 달 가까이를 시험 기간으로 잡고 공부해야 한다고 했다.

그런데 수능 대비와 내신 대비를 따로 생각하는 학생들은 보통 한 달을 남기고 시험 대비에 돌입한다. 그러면 당연히 공부하기에 시간이 부족해 그다지 좋은 결과를 얻지 못한다.

그렇다면 내신 준비에 집중한 학생들은 어떨까? 내신 준비에 시간을 더 써서 내신은 잘 봤어도 별도로 모의고사 대비가 부족했기 때문에 더 낮은 성과를 낼까? 전혀 그렇지 않다.

내신을 준비하는 공부와 모의고사를 잘 보기 위해 필요한 공부는 본질적으로 크게 다르지 않다. 국영수사과 모두 정규 교육 과정을 기반으로 모의고사를 출제하기 때문에 필요한 지식 내용이 비슷하다. 학교 선생님들도 내신 문제를 출제할 때 실제 모의고사 기출문제도 많이 활용한다. 문제의 형태도 흡사하다.

따라서 내신 대비를 열심히 하면 모의고사에 필요한 실력도 자연스레 길러진다. 이러한 이유로 내신에서 전교 최상위권인 학생들이 별도 모의고사 준비 없이도 모의고사에서 좋은 성적을 거두게 되는 것이다.

1년에 네 번 있는 내신은 집중해서 심도 있게 공부하도록 만드는 분기점 역할을 한다. 내신 시험이 있기 때문에 그 기간에 매우 깊이 있게 공부하여 실력이 크게 향상된다. 즉 내신은 공부를 열심히 하는 좋은 계기가 되어준다.

반면 정시 위주로 준비한다고 내신을 등한시하는 학생들을 보면, 긴장해서 준비해야 할 시험이 없기 때문에 내신 준비를 하는 학생들보다 훨씬 느슨하게 공부한다. 그래서 시간이 지나고 보면 내신을 열심히 준비한 학생들에 비해 학습량도 적고, 그렇다 보니 실제 실력도 좋지 못한 경우가 많다.

　그러므로 대학 입시를 준비하는 고등학생이라면 반드시 학교 수업에 집중하고 내신 시험을 최대한 잘 보기 위해 열심히 공부하자. 이것이 수시와 정시 모두를 대비할 수 있는 가장 좋은 방법이다.

성적 급상승을 부르는
방학 활용법

지난 방학에 한 일이
성적을 바꾼다

방학은 취약했던 부분을 보완하고 선행이나 심화를 통해 실력을 끌어올릴 수 있는 매우 중요한 시기다. 학교 시험 준비와 수행평가, 그리고 이를 위한 학원에 다니며 정해진 것을 해야 하는 학기 중과 달리 방학 기간에는 온전히 나의 주도로 내가 원하고 필요로 하는 공부를 할 수 있다.

이러한 자율성 덕분에 나에게 필요한 것을 선택해 실행할 수 있지만, 반대로 무엇을 해야 할지 명확하지 않기 때문에 자칫 잘못된 판단으로 중요한 시간을 허비할 수도 있다.

여기서는 학생들이 방학 기간에 자주 범하는 실수를 살펴보고, 소중한 방학 기간을 후회 없이 실력을 상승시킬 시간으로 보내기 위한 방법을 알아보자.

취약한 과목을 집중 공략하라

방학 기간에 많이 하는 대표적인 실수는 '이것저것 너무 많은 공부를 하려고 하는 것'이다. 마음 같아선 모든 과목의 실력을 획기적으로 끌어올리는 시기로 삼고 싶으니, 모든 과목에 원대한 목표를 세우고 무리하게 계획을 짜게 된다. 그러나 이런 경우 십중팔구 계획한 것을 실행하지 못하고 모든 과목이 이도 저도 아니게 되는 상황이 벌어진다.

우선 할 것들이 너무 많아 이를 실행하기 위한 계획표가 복잡해진다. 계획표가 복잡해진다는 것은 그중 일부라도 예상과 틀어지면 전체에 문제가 생긴다는 뜻이다. 이렇게 복잡성이 높고 변수가 많은 계획은 실패하기 쉽다.

이렇게 모든 것들을 다 하겠다며 무리한 계획을 세우는 건 지금 자신에게 필요한 학습의 우선순위를 판단하지 못했기 때문이다. 그러면 상대적으로 덜 급한 공부에 시간을 쏟느라 정작 시급한 공부에 시간을 덜 쓰게 된다.

같은 시간을 써도 가장 큰 효과를 내려면 자신에게 가장 급한 것이 무엇인지 명확히 알고 있어야 한다. 과목 간에도 더 시급한 과목이 있을 것이며, 그 안에서도 시급하게 해야 할 학습 내용이 있을 것이다.

'파레토의 법칙'이라는 것이 있다. '8:2 법칙'이라고도 불리는데, 어떤 일이 발생하는 빈도를 보면 20%의 원인이 80%의 결과를 만든다는 뜻이다. 이런 관점에서, 해야 할 일이 10개가 있다면 모든 것에 똑같은 시간을 쓰지 말고 가장 큰 성과를 낼 수 있는 두 가지에 80%의 시간을 써야 한다.

가령 다른 과목은 어느 정도 잘하는데 수학만 성적이 나쁘다고 해보자. 공부해야 할 과목으로 국영수사과 다섯 과목이 있는데, 만약 이 다섯 과목에 똑같이 20%씩의 시간을 쓴다고 하면 결과는 어떻게 될까? 당연히 원래 잘하던 과목들은 여전히 잘할 것이지만, 취약했던 수학은 계속 취약한 상태로 남아 있을 것이다.

이런 경우 모두 골고루 시간을 쓰지 말고 내가 취약한 과목인 수학에 최소 절반에서 많게는 80%까지 시간을 투자해야 한다. 다른 과목에 쓰는 시간, 그리고 남들이 보통 그 과목에 쓰는 시간보다 압도적으로 많은 시간을 들여야 부족한 것을 극복할 수 있다. 다른 과목에는 나머지 시간을 쓰되, 그 안에서도 실력 향상 또는 유지를 위해 필수적인 부분에만 시간을 쓰면 된다.

이렇게 특정 과목과 필수적인 부분을 공부하는 데만 집중하면 거둘 수 있는 효과들이 있다.

우선 해야 할 것의 가짓수가 줄어드니 해야 할 것이 명확하고 단순해진다. 따라서 계획을 세우기가 쉽다. 일정 계획, 즉 계획표도 단순해진다. 복잡하게 계획을 세우면 하나가 틀어졌을 때 나머지도 모두 틀어질 가능성이 높지만, 단순하게 하면 한 과목에 통으로 긴 시간을 쓰기 때문에 변수가 적고 계획이 틀어질 여지가 별로 없다.

또한 공부에도 '전환 비용'이 있다. 한 과목을 공부하다 다른 과목을 공부하게 되면, 달라지는 과목과 내용에 집중하기 위해 어느 정도 시간과 에너지를 소모하게 된다. 마치 컴퓨터를 켜면 부팅하는 시간이 드는 것과 비슷하다. 따라서 하루에 여러 과목을 공부하지 않고 하나를 길게 집중해서 공부하면 같은 시간 내에 더 많은 양을 공부할 수 있게 된다.

따라서 욕심부려 이것저것 다 하려고 하지 말고 핵심적인 몇 가지에만 집중해서 시간을 쓰는 것이 더 효과적이다. 같은 이유로, 한 과목 내에서도 이것저것 다 하려고 하기보다는 가장 시급한 부분에 집중하자.

예를 들어 방학이 되면 시간이 많다고 생각해 수학 공부 계획을 세우며 2~3개의 과정을 동시에 하려고 하는 경우가 있다. 불가능한 건 아니지만 2~3개 과정을 제대로 해내려면 엄청난 시간과 노력이 필요하며, 그 양을 소화하는 이해력까지 뒷받침되어야 한다.

대부분의 학생은 그만큼을 제대로 소화하기 어렵다. 그런데 무리하게 여러 과정을 하려고 하다 보니 어느 과정 하나도 이렇다 할 성과 없이 시간을 낭비하게 된다. 다가올 학기의 심화가 안 되어 있다면, 거기에만 집중하자. 다가올 학기의 심화가 잘 되어 있는 경우에는 선행을 진행하되, 여러 학기를 선행하기보다는 하나의 학기에 집중해서 깊은 실력을 쌓는 것을 추천한다.

방학에는 나의 발목을 잡는 어려운 과목이나 먼 미래보다는 당장 앞두고 있는 시험에서 좋은 성적을 거두는 데 필요한 공부에만 집중해서 실력 상승의 확실한 계기로 삼자.

내신에서 압도적 차이를 만드는 방학 활용법

현재 고등학교 진학을 앞두고 있거나 이미 고등학생이라면 내신이 무척 중요하다. 대학교 입학과 바로 직결되어 있기 때문이다. 중학생에게도 내신 점수는 본인의 공부가 실제로 얼마나 잘됐는지를 평가하는 기준인 만큼 공부 자신감과 자존감을 높여주는 데 매우 중요하다. 방학에는 대부분의 학생이 기본적인 국영수 실력을 높이는 공부를 한다. 수학은 선행이나 심화 학습을 하고, 영어도 고등학교에서 잘하기 위해 기본적인 실력을 높이는 공부를 한다. 다시 말해 내신 준비는 거의 신경을 안 쓰고 있다는 얘기다.

　보통은 내신을 시험 한 달 전부터 준비하기 시작한다. 이 말은 모든 학생이 비슷한 기간에 내신 시험공부를 한다는 것이다. 결국 친구들과 똑같은 조건에서 경쟁한다는 뜻이다. 똑같은 조건으로 경쟁에서 이기려면 애초에 타고난 능력이 뛰어나거나 훨씬 더 노력을 해야 우위를 점할 수 있다. 그렇다면 어떻게 공부해야 할까? 겨울방학이라는 기간을 나에게만 주어진 보너스 시험 기간이라고 생각하자.
　시험 기간이 되면 학생들은 항상 이런 생각을 한다. 시험 일주일 전에는 '일주일만 더 있었으면 좋겠다', 시험 전날에는 '하루만 더 있었으면 좋겠어' 하고 말이다. 그때는 공부가 너무 절실하기 때문에 이런 생각을 한다. 하지만 그렇다고 시간을 더 주진 않으니 항상 아쉬워하며 시험을 보게 된다.
　그런 생각을 지금 미리 해보라. 지금이 바로 미래에 후회하던 내가 타임머신을 타고 돌아온 순간이라고 상상해 보자. 그렇게 생각하면 "방학 한 달을 어떻게 보내야 할까?"라고 물었을 때 답이 명확해진다.
　다른 친구들은 내신을 한 달 동안 준비하는데 나는 두세 달 전부터 준비하니 엄청난 특혜를 가지고 경쟁하게 된다. 평소 실력이 조금 부족했더라도 압도적인 시간을 투자해서 경쟁의 우위에 설 수 있다. 실제로 이 방법으로 학생들을 지도해서 엄청난 성과를 거둔 경우가 많다. 그중 한 명은 고등학교 3학년을 앞둔 학생이었다. 특히 그 학생은 수시 전형으로 대학교에 입학하는 것이 목표였기에 내신이 너무나도 중요했다.

전교 12등 정도로 상위권인 학생이었지만 목표하는 대학교의 성적에는 아직 못 미치는 상황이었다. 그렇기에 3학년 1학기 내신 성적이 진심으로 절박했다. 그때 우리는 학생에게 이렇게 말했다.

"1월부터 시험 기간이라 생각하고 공부해야 한다."

실제로 1월부터 1학기 때 볼 내신 공부를 시작한 이 학생은 3학년 1학기 중간고사 때 바로 전교 2등을 했다. 기말고사 때도 비슷한 성적이 나왔다. 결과적으로 원하는 대학에 장학금을 받고 들어갈 수 있게 되었다.

과목별 방학 맞춤 공부법

그럼 방학 기간에는 어떻게 대비해야 할까? 구체적인 방법을 과목별로 알아보자.

1) 수학은 기출문제를 풀어본다

수학은 어떤 학교에서든 배우는 과정과 내용이 다 똑같이 정해져 있다. 그래서 가장 확실하게 미리 대비할 수 있어 많은 학생이 그렇게 하고 있다.

특히 내신 성적이 중요한 학생들이 꼭 챙겨야 할 것들이 있다. 중학생, 고등학생 불문하고 성적이 중위권 이하인 학생이라면 반드시 교과서를 미리 풀어봐야 한다. 중상위권 이상이면 교과서는 선택적으로 봐도 된다.

중학생은 고등학교에 들어가서 1학기 때 볼 기출문제를 미리 구해서 풀어보면 좋다. 한두 회라도 미리 풀어보면 자기 실력을 알 수 있다. 거의 100점에 가까운 90점대가 나온다면 조금 여유를 가져도 된다. 하지만 80점 이하로 나온다면 선행을 멈추고 심화 학습에 집중해야 한다.

고등학생이라면 선행보다 당장 다가올 학기의 내신 심화 학습에 집중하자. 기본 개념과 유형, 심화 교재까지 끝내야 한다. 이를 끝냈다면 교육청 기출문제를 풀어보자. 최근 3개년에서 많게는 5개년까지 교육청 기출문제의 4점짜리 문제들을 잘 푸는 게 가장 중요하다.

내신 대비를 하는데 왜 모의고사 문제를 풀어야 하는지 의문을 가질 수 있다. 내신 문제는 학교 수업에서 쓰는 프린트나 부교재에서 가장 많이 출제된다. 그리고 대부분의 학교 선생님들이 교육청 기출문제를 활용해 프린트를 만든다. 그러니 교육청 모의고사의 기출문제를 미리 풀어보면 선생님이 나중에 줄 프린트와 겹치는 부분이 많을 것이므로 내신 시험을 미리 대비할 수 있다.

2) 영어는 미리 교과서를 꼼꼼히 공부한다

미리 대비하면 가장 큰 효과를 볼 수 있는 게 사실 영어다. 중학생과 고등학생의 상황이 다르니, 나눠서 설명해 보겠다.

중학생이라면 훨씬 더 확실히 영어를 대비할 수 있다. 중학교는 주로 교과서 내용을 기반으로 시험을 보기 때문에 범위를 예측하기 쉽다. 중학생은 더도 말고 덜도 말고 교과서에 따른 자습서와 평가문제집에 있는 내용만을 숙지하면 된다.

고등학생도 교과서는 봐야 한다. 학교 선생님들이 추가 지문으로 보통 최근 1개년에서 2개년의 교육청 모의고사 기출문제를 나눠준다. 학교에 따라서 EBS 교재를 부교재로 선정하는 곳도 있는데 그건 학기 들어가기 전까지는 알 수 없다. 만약 매년 부교재를 쓰는 학교라면 미리 대비할 수 있을 것이다.

교과서 외에 추가 지문을 최소 30개에서 많게는 50개 이상 내주는 학교도 있다. 그런 곳에서 내신 성적을 잘 받으려면 지문을 거의 외우는 수준까지 공부해야 한다. 서술형 문제 때문에 더욱 그렇다. 단순히 내용을 숙지하는 수준으로는 상위권에 오르기 힘들다.

그렇게 공부하려면 시간이 부족할 것이다. 특히 시험 기간을 한 달로 잡고 공부한다면 거의 불가능한 양이다.

그러면 여기서 이런 의문이 들 것이다.

"학기 들어가기 전까지는 추가 지문이 뭐가 나올지 모른다면, 그건 지금 대비할 수 없는 거 아닌가요?"

맞다. 대비할 수 없다. 그러니까 교과서라도 보라는 것이다. 교과서는 무조건 시험 범위에 들어간다. 그리고 교과서에 있는 내용만 꼼꼼히 살펴봐도 공부량이 적지 않다. 그래서 중학생이든 고등학생이든 학기 들어가기 전에 교과서는 마스터해야 한다. 그러면 학기가 시작된 후에 교과서를 공부할 시간을 추가 지문 공부하는 데 쓸 수 있다. 자습서나 평가 문제집의 지문을 완벽하게 숙지하고 지문에 있는 단어와 문법 요소까지 술술 꿰는 수준으로 공부하자. 예비 고3이라면 학교에서 『EBS 수능 특강』을 부교재로 쓸 가능성이 90% 이상이니 이 교재를 미리 공부해 두면 된다.

3) 국어와 사회, 과학도 교과서로 대비한다

국어와 사회, 과학 과목의 내신 시험은 교과서 기반이기 때문에 추가 지문이라는 개념이 거의 없다고 보면 된다. 물론 국어는 추가 지문을 주는 학교도 있긴 하다. 그렇지만 대부분 교과서에 있는 내용으로 출제하기 때문에 미리 공부하면 좋다. 그러므로 미리 교과서, 자습서, 평가 문제집를 한 번이라도 더 보면 학기가 시작돼도 시간 여유를 확보할 수 있다. 그때 가서 추가로 받는 수업 프린트나 학교에서 쓰는 부교재 등을 더 많이 볼 수 있는 시간을 버는 것이다.

그런데 당장 수학이나 영어 실력이 너무 부족해서 시간을 많이 써야 하는 학생들도 있다. 그런 학생들이 이 모든 걸 다 하려고 하면 시간이 모자르다. 그럴 때는 최소 영어만이라도 미리 해놓으면 나중에 시간을 전체적으로 많이 아낄 수 있다. 영어는 시험을 잘 보려면 지문을 거의 외우는 수준으로 해야 하는데, 이게 생각보다 시간이 오래 걸리기 때문에 다른 과목보다도 영어를 미리 해두면 좋다.

특히 영어는 근본적인 영어 실력을 올리는 데 내신 공부가 도움이 된다. 지문에서 나오는 단어를 외우고 문장 구조를 분석하고 문법 요소를 공부하는 행위가 기본적인 영어 실력을 올려주기 때문이다. 따라서 다른 문법이나 독해 책을 공부할 시간에 다음 학기에 있는 교과서를 완벽하게 공부하면 훨씬 더 도움이 된다.

이러한 방학 공부의 법칙을 아느냐 모르느냐, 그리고 실천하느냐 실천하지 않느냐가 엄청난 차이를 만든다. 이를 모르는 학생이 많기에 이걸 알고 실천하는 것만으로도 큰 메리트를 얻을 것이다.

★ ★ ★ ★

5부

의지 관리

열심히 하는 것에도
노하우가 있습니다

동기부여를 해주고 좋은 전략을 찾아주었다고 끝이 아니다. 동기가 있어도 그

것을 노력으로 이어가기란 어렵다. 지속적으로 노력을 이어가기 위해서는 끊임

없는 소통과 피드백으로 의지를 관리해 주어야 한다. 아이 마음속의 공부 불씨

가 활활 타오르도록 장작을 넣어주자.

노력하고 있다는
착각

"평범하게 노력하면 평범한 결과가 나온다."

학창 시절, 어머니가 우리에게 자주 해주었던 말이다. 당연한 듯 보이는 이 말에는 정말 중요한 공부의 진리가 담겨 있다. 바로 특출난 결과를 얻기 위해서는 특출난 노력을 해야 하며, 그렇지 않으면 평범한 결과를 얻을 수밖에 없다는 것이다.

그런데 많은 아이가 이 부분을 착각한다. 본인은 열심히 노력하는데도 성적이 오르지 않는다고 생각하는 것이다. 물론 정말 특출나게 열심히 했는데도 공부 방법이 잘못되어서 성적이 노력한 만큼 성적이 안 나오는 경우도 있다. 하지만 그보다는 노력이 충분하지 않은 경우가 훨씬 많다.

예를 들어 학생 100명 중에 50등 하는 학생이 있는데, 그와 비슷한 성적대의 중위권 학생들이 하루 평균 2시간씩 수학 공부를 한다고 해보자. 그 학생도 하루에 2시간씩 수학 공부를 한다면 어떻게 될까? 자기 스스로는 열심히 공부했으니 수학 성적이 올라갈 것이라 기대했겠지만, 비슷한 성적대의 친구들과 비슷한 수준의 노력을 했으니 성적은 제자리걸음일 수밖에 없다.

이 학생이 등수를 더 높이기 위해서는 평균 이상의 노력을 해야만 한다. 주위 친구들이 하루 2시간씩 공부할 때, 나는 2시간 반에서 3시간씩은 공부해야 성적이 더 올라갈 수 있는 것이다. 그런데 많은 학생이 주위 친구들과 비슷한 수준으로 공부해 놓고 열심히 했는데도 성적이 그대로라며 공부 재능이 없는 것 같다고 말한다.

힘들여 공부하는 것과 성적을 올릴 수 있을 정도로 충분한 노력을 하는 것은 엄연히 다르다. 지금 상위권에 있는 학생들은 중위권에 있는 학생들보다 누적된 공부량이 많아서 그 자리에 있는 것이다. 성적의 순위는 노력의 순위를 따라가게 되어 있다.

그래서 우리는 열심히 공부했는데도 성적이 안 오른다는 학생을 만나면 반드시 이 중요한 진리를 이야기해 준다. 100명 중 50등 수준의 노력을 하면 성적도 50등이 된다. 그리고 100명 중 1등 수준의 노력을 하면 언젠가는 1등에 가까워 진다. 만약 열심히 공부하는데도 성적이 오르지 않는다면, 반드시 노력의 순위를 점검해 보자.

최상위권 학생들만 알고 있는 10배의 법칙

　우리가 서울대학교에 갔다고 하니, 학창 시절에도 항상 전교 1등만 했을 것이라고 생각하는 사람들이 있다. 하지만 그렇지 않다. 지방 소도시에 있는 중학교에 다닐 때까지는 거의 1등을 해왔지만, 전국 단위 자사고인 한일고등학교에 입학한 뒤로는 1등과 거리가 멀어졌다. 우리는 고등학교 2학년 말까지는 최상위권 안에 들지 못했다. 서울대 안정권이라고 말하기도 어려웠다.

　우리도 나름대로 정말 최선을 다한다고 생각하면서 공부했는데, 최상위권 학생들과의 격차는 도저히 좁힐 수가 없었다. 그래서 우리는 그들과 우리 사이에는 넘을 수 없는 벽이 있다고 느끼기도 했다.

그러다 우리의 생각을 완전히 뒤바꿔 놓은 사건을 만났다. 3학년 1학기 중간고사를 한 달 앞둔 시점에 우연히 고승덕 변호사의 강연 영상을 보게 된 것이다.

고승덕 변호사는 대한민국 공부 끝판왕이라고 불렸던 사람이다. 그는 하나도 붙기 어렵다는 3대 고시인 사법고시·행정고시·외무고시를 모두 합격했는데, 심지어 사법고시는 최연소 합격, 행정고시는 수석, 외무고시는 차석으로 붙었다. 우리나라 역사상 전무후무한 결과를 만든 입지전적인 인물이었다. 그의 강연을 보는데, 그 내용 중 하나가 우리의 생각을 완전히 뒤집어 놓았다.

고등학교 1학년 때 고승덕 변호사는 자기 나름대로는 열심히 한다고 했는데도 최하위권의 성적이 나와 깊은 고민에 빠졌다고 한다. 앞으로 어떻게 공부해야 할지를 고민하던 중 주변 학생들이 공부를 어느 정도 하는지 관찰하기 시작했단다.

친구들을 관찰해 보니, 시험공부 자료를 한 번 보고 시험을 본 학생은 낙제점을 면하는 정도의 성적을 받고, 70~80점 정도 받는 학생은 자료를 두 번, 90점 이상 받는 학생은 세 번, 최상위권을 하는 학생들은 다섯 번 이상 본다는 것을 알게 되었다.

이 사실을 발견하고 나서, 자신은 상위권과 최상위권 학생들만큼 머리가 좋지 않으니 열 번을 봐야겠다며 결심했다고 한다. 그 이후 그는 모든 시험공부를 할 때 무조건 열 번 이상 교재를 보고 나서 시험을 치렀다. 그렇게 하니 모든 시험에서 항상 최상의 성과를 거두게 되었으며, 결국 서울대 법대에 합격했다.

당시 우리는 시험공부를 할 때 학습 자료들을 겨우 두 번 보거나, 많아도 세 번 보는 수준으로 공부하고 있었다. 이 영상을 보고 나서 반에서 성적이 더 높은 네 명을 모두 찾아가 시험공부할 때 자료들을 몇 번씩 보는지 물어보았다. 그때 그 친구들의 대답이 너무 충격적이었다. 한 명도 빼놓지 않고 당연하다는 듯이 "한 다섯 번은 보는 것 같은데?"라고 말하는 게 아닌가. 고승덕 변호사님의 이야기와 딱 맞아떨어지는 내용이었다.

우리보다 머리도 더 좋은 친구들이 우리는 두세 번 볼 때 거의 두 배 이상 보고 있었던 것이다. 그들이 지금까지 우리보다 항상 시험을 잘 봤던 것은 너무나도 당연한 결과였다. 당시 시험이 한 달밖에 남지 않은 시점이었기 때문에 우리는 고승덕 변호사처럼 열 번은 못 봐도, 최소 다른 친구들만큼 다섯 번은 보겠다고 다짐하고 시험공부를 했다.

결과는 놀라웠다. 성적이 앞서 있던 네 명의 친구 중 세 명을 넘어서게 된 것이다. 이러한 경험을 하며 '내가 지금까지 생각해 왔던 나의 한계는 진짜 한계가 아니었구나', '나는 성과를 내기 위해 필요한 노력을 하지 않고 있었구나'라는 사실을 깨닫게 되었다.

많은 학생이 "선생님, 저는 열심히 하는데도 안 돼요"라고 말한다. 물론 열심히 하고 있고, 스스로도 그렇다고 느끼고 있기에 더 속상할 것이다. 그러나 객관적으로 봤을 때 그 학생들이 들이고 있는 노력은 그들이 원하는 성과를 거두기에는 부족할 가능성이 매우 크다. 하루에 3시간을 공부하고 열심히 했다고 생각하는 사람이 있는가 하면 10시간을 하고도 '오늘은 많이 못 했네'라고 생각하는 사람들이 있다.

이처럼 노력이라는 것은 상당히 주관적으로 받아들여지는 개념이다. 그렇기 때문에 원하는 성과를 거두려면 앞으로 주관적인 관점보다는 객관적인 관점에서 필요한 노력의 양과 내가 들이고 있는 노력의 양을 냉정하게 비교해 볼 필요가 있다. 원하는 성과가 나오지 않고 있다면 노력의 양을 비약적으로 늘려보자. 생각지도 못한 놀라운 결과가 따라올 것이다.

변화는 하루아침에
찾아오지 않는다

 학원 운영을 시작하기 전, 고등학생들을 대상으로 한 그룹 멘토링에 멘토로 참여한 적이 있다. 그때 만난 고등학교 1학년 아이들 몇 명을 3년 내내 멘토링 했다. 일주일에 한 번씩 2시간쯤 모여서 공부도 봐주고 독서도 함께하고 그 외에 여러 학업 상담도 해주었다.

 최근에 그 친구들 중 한 명을 만났는데, 격세지감을 느꼈다. 처음에 만났을 때만 해도 문제투성이였던 아이는 고등학교 시절을 잘 보내고 이제 자신의 꿈을 좇고 있었다.

 처음 만났을 때 그 친구는 공부를 전혀 안 해본 아이였다. 공부를 안 해본 아이들의 특징은 끈기가 없다는 것이다. 다시 말해 공부하는 습관 자체가 없다. 30분도 집중하는 걸 힘들어하고, 여러 유혹에 너무 취약하다. 공부를 좀 하려고 책상 앞에 앉았다가도 조금만 재미있어 보이는 게 있으면 바로 그쪽에 정신이 팔린다.

이 학생은 특히 수학 실력이 심각했다. 연계성이 있는 수학의 특성상 앞선 공부가 이루어지지 않았다면 현재의 진도를 쌓기가 쉽지 않다. 그래서 그 친구 부모님과 상의한 뒤 내가 수학 과외를 하게 되었다. 막상 공부를 가르쳐보니 그동안 지도했던 수백, 수천 명의 학생들 중에 독보적으로 힘들었다. 단 5분도 공부에 집중하지 못했기 때문이다.

어떻게든 동기부여를 해주려고 온갖 말을 다 해봤다. 그 순간만큼은 그 친구의 마음이 잠깐 움직이는 것 같아 보였다. 하지만 몸이 따라주지 않는 모양이었다. 단순한 조언이나 동기부여만으로는 이미 고등학생이 된 아이를 쉽게 변화시킬 수 없다는 걸 그때 깨달았다.

그래서 방법을 바꿨다. 학교가 끝나면 무조건 동네에 있는 한 카페로 오라고 했다. 그리고 공부를 하든 안 하든, 설령 잠을 자더라도 책을 펴고 정해진 시간 동안 앉아 있게 했다. 앉아 있는 습관을 들이는 게 가장 기본이자 시급한 문제였기 때문이다. 물론 이 친구는 무척 괴로워했다. 그래도 매일 와서 앉아 있긴 했다. 다섯 시간 동안 앉아서 문제집 한 쪽 정도를 겨우 풀고 갔다.

이렇게 1년 넘게 하니까 점점 공부하는 양이 늘어나는 게 보였다. 고3이 되었을 때는 평균적인 고3 학생들만큼 공부를 하게 되었다. 물론 그렇다고 해서 성적이 명문대에 갈 정도가 된 건 아니었다. 하지만 정말 큰 변화는 공부에 대한 욕심이 생겼다는 것이다.

이 학생은 입시가 끝난 뒤 합격한 대학에 만족하지 못하고 더 좋은 대학을 목표로 재수를 하겠다고 결심했다. 당연히 수능이 끝나면 더는 공부를 안 할 줄 알았다. 선생님도 부모님도 권유하지 않았는데 재수를 하겠다고 해서 솔직히 놀랐다. 무언가 목표를 세우고 그것을 향해 매진하는 모습은 그 친구를 처음 만났을 때는 상상도 하지 못했던 변화였다.

몇 마디 말로 동기부여를 할 수는 있다. 그러나 변화를 일으키고 지속시키기 위해서는 길게 보고 습관부터 들여 나가야 한다. 그리고 지난한 그 과정을 같이 함께해 줄 수 있는 사람이 있다면 훨씬 큰 도움이 된다. 부모님이든 선생님이든, 아이를 올바른 방향으로 이끌어주고 입시라는 여정의 동반자 같은 역할을 해주는 사람의 존재가 정말 중요하다.

변화는 하루아침에 찾아오지 않는다. 그러나 믿음을 가지고 한 걸음 한 걸음 나아가다 보면, 반드시 변화는 찾아오게 되어 있다.

어린 시절 만든 공부 그릇이
경쟁력이 된다

    똑같은 중학생인데도 학교에 다녀와서 5시간 동안 공부하는 게 어렵지 않은 아이들이 있고, 1시간 공부하는 것도 죽겠다고 하는 아이들이 있다. 그 차이는 어디에서 오는 걸까? 그것은 바로 초등학생 때 만들어진 공부 그릇의 차이로부터 비롯된다.

    아이들이 공부를 싫어하는 이유 중 하나는 해야 할 일은 많은데 공부하는 게 너무 힘들다고 느끼기 때문이다. 무엇이든 좀 할 만하다고 느껴야 좋아할 수 있는데, 너무 어렵게 느껴지니 좋아하기가 어렵다.

    긍정적인 공부 정서를 가지고 있는 학생들의 공통점은 어렸을 때부터 공부 습관을 잘 형성해 왔다는 것이다. 자기 학년에 맞게 필요한 공부 습관을 잘 들여놓으면 그다음 학년이 되었을 때 필요한 공부를 해내는 것이 크게 어렵지 않다. 반면 공부 습관이 제대로 잡혀 있지 않은 학생들은 제 학년 공부를 하는데도 너무 버거워한다.

예를 들어 운동장을 매일 세 바퀴씩 뛰던 아이에게 '한 살 더 먹었으니 이제부터 다섯 바퀴씩 돌자'고 하면 '그래, 해보지 뭐!'라는 생각이 들 것이다. 반면, 운동장을 아예 한 바퀴도 뛰어보지 않은 아이에게 갑자기 다섯 바퀴씩 돌자고 한다면 '그걸 내가 어떻게 해', '너무 하기 싫은데?' 하는 부정적인 마음이 들 것이다.

부모님들이 많이 하는 실수 중 하나가, 공부로 너무 스트레스를 주고 싶지 않아서 어렸을 때 공부량을 지나치게 조금 요구하는 것이다. 공부를 무리하게 시키는 것도 문제지만, 너무 적게 시키는 것도 경계해야 한다. 학년에 맞는 필수 교과 지식에 구멍이 생기면 다음 학년 과정 공부를 하는 데 어려움이 생긴다. 또한 학년이 올라갈수록 공부해야 할 양이 늘어나는데, 학습량에 대한 기준치가 너무 낮게 형성되어 있으면 학년이 올라갈수록 더 많아지는 학습량을 소화해야 해서 고생하게 된다.

실제로 학원에서 이 때문에 어려움을 겪는 친구들을 많이 본다. 중학생이 되었으면 기본적으로 해야 하는 학습량이 있는데, 그것의 반도 채우기 힘들어한다. 수업 시간이 몇 분 지나지도 않았는데 집중하지 못하거나 휴대폰이 옆에 없으면 견디지 못하는 아이들도 있다.

이처럼 공부 습관이 제대로 형성되지 않은 친구들은 공부를 잘하고 싶은 마음이 있어도 몸이 따라주지 않는다. 다른 친구들에 비해 공부하는 과정이 훨씬 힘들고 괴로워서 공부와 점점 멀어지게 된다.

따라서 아이들이 성장하는 과정에서 기본적인 공부 원칙들은 반드시 지키게 하여 제 나이에 맞는 올바른 공부 습관을 형성할 수 있게 해주자. '숙제는 반드시 자기 힘으로 끝낸다', '해야 할 일과 놀 일이 있으면 할 일을 먼저 끝내고 논다', '공부할 때는 휴대폰 없이 한다', '시험 보기 전에는 시험 범위를 최소 한 번 이상 복습한다'. 이처럼 중요한 공부 습관들을 아이들이 자연스레 몸에 익히게 하자. 향후 학년이 올라가 더 어려운 공부를 해야 되는 상황이 되어서도 힘들지 않게 잘해낼 수 있는 역량 기반을 만들어주자.

우리 어머니는 이것을 '그릇 만들기'라고 표현했다. 선행을 하고 진도를 빨리 나가는 것보다 이 공부 그릇을 만드는 게 훨씬 더 중요하다. 이런 소양이나 습관들을 만드는 데는 부모님의 노력과 인내심이 필요하다. 시간도 오래 걸린다. 하지만 이렇게 크고 단단한 공부 그릇을 만들어주면 오랜 학업 기간 동안 많은 지식을 담을 수 있는 체력이 생기고, 쉽게 깨지지도 않는다.

루틴과 규칙의 힘은 매우 강력하다

'루틴'은 어떤 행동을 정기적으로 반복하는 것을 말한다. 처음에는 루틴을 실천하는 것이 어렵지만, 지속하다 보면 그것이 습관으로 굳어진다. 그러면 처음에 매우 어렵게 느껴졌던 일도 큰 어려움 없이 할 수 있게 된다.

이러한 루틴의 힘이 얼마나 강력한지를 단적으로 보여주는 사례가 바로 '등교'다. 아무리 공부를 불성실하게 하는 학생이라도 1년 내내 매일 아침 정해진 시간에 일어나 아침 일찍 학교에 간다. 사실 매일같이 이른 아침에 일어나 하루도 빠짐없이 어딘가를 간다는 것은 정말 쉽지 않은 일이다. 이는 자기통제력이 아이들보다 커진 성인들도 쉽게 하기 어려운 일이다. 그런데 모든 아이들이 그것을 해내고 있다.

어떻게 이것이 가능할까? 아침에 일어나서 정해진 시간에 학교를 가야 한다는 것이 당연하게 해야 할 일로 정해져 있기 때문이다. 기본적으로 학교에 가지 않는다는 선택지는 없다. 아이들이 매일 아침 일어나 '아, 오늘은 학교를 갈까 말까' 하는 고민을 애초에 할 수 없기 때문에, 공부에 대한 열정과는 상관없이 모든 아이가 매일 빠짐없이 학교에 가는 것이다.

공부도 마찬가지다. 해야 할 것이 있다면 규칙적으로 언제 할지를 정한다. 그리고 그때는 당연히 그것을 하는 시간으로 만들어버려야 한다. 매번 할지 말지를 고민하면 보통은 안 하게 되어 있다. 힘든 일은 미루고 싶은 것이 사람의 기본 심리기 때문이다.

따라서 반복적인 학습 스케줄을 정해놓고 그것을 마치 학교 시간표나 학원 시간표를 지키듯 실천해 보자. 학교와 학원 외 시간은 유동적으로 시간을 쓸 수 있는데, 그 시간에도 마치 어길 수 없는 학교나 학원 시간표가 있는 것처럼 스케줄을 짜는 것이다.

예를 들어 매일 학교에 다녀오면 바로 1시간씩 학교 숙제하기, 매일 저녁 먹고 나서 30분 동안은 독서하기, 토요일 오전에는 10시부터 12시까지 영어 인강 듣기와 같은 반복적인 학습 루틴을 만들 수 있다.

이러한 루틴을 처음 짜면 지키기가 어렵다. 상당한 노력을 들여야 한다. 그러나 한번 정했으면 절대 어길 수 없는 게 원칙이라고 아이와 부모가 약속해야 한다. 처음에는 많이 힘들어할 수 있다. 그러나 한 달만 지나도 루틴에 적응해서 잘하고 있는 아이의 모습을 발견하게 될 것이다.

끈기를 길러주는
가장 효과적인 방법

2016년에 발간되어 전 세계적인 베스트셀러가 된 『그릿』이라는 책이 있다. 이 책은 앤절라 더크워스라는 펜실베이니아대학 심리학 박사가 저술한 책이다. 그릿이란 쉽게 말해 목표를 달성하기 위한 열정과 끈기다.

저자는 성공한 사람들 수백 명을 분석했다. 그 결과 그릿이 성공에 있어 타고난 재능보다 훨씬 더 중요하다는 사실을 밝혀냈다. 이 연구 결과는 수많은 학회와 학술지로부터 찬사를 받을 정도로 인정을 받았다.

그릿이 성공에 큰 영향을 미친다는 사실은 우리 주위 사람들을 살

퍼보면 쉽게 알 수 있다. 사람들 중에 어떤 일을 하기로 마음먹으면, 엄청난 집념과 승부욕을 가지고서 어떻게든 최고가 되기 위해 노력하는 사람들이 있다. 운동이든, 음악이든, 공부든, 놀이든, 굉장한 끈기로 어떻게든 높은 수준에 도달하는 사람들이 있다.

공부를 잘하는 데에도 이러한 그릿이 매우 중요하다. 초등학교 1학년부터 고등학교 3학년까지, 12년이라는 긴 기간 동안 힘들고 어려운 공부를 잘해 나가기 위해서는 엄청난 노력이 필요하다. 그릿을 가진 학생들은 그렇지 못한 학생들보다 그 긴 시간을 훨씬 더 큰 열정을 가지고 버텨나갈 수 있다.

이렇게 중요한 소양인 그릿은 어떻게 해야 아이에게 길러줄 수 있을까? 『그릿』의 저자는 아이에게 '특별활동'을 시키는 것이 그릿을 길러줄 수 있는 최고의 방법이라고 소개한다.

특별활동으로 그릿을 길러주자

특별활동이라 함은 우리가 학교 특별활동 시간에 하는, 쉽게 말하면 공부가 아닌 운동이나 음악·미술·춤 등의 활동을 말한다. 이러한 특별활동을 하면 목표를 향해 열정을 가지고 달려나갈 수 있는 끈기인 그릿이 길러진다. 이렇게 길러진 그릿은 꼭 그 분야가 아니더라도 공부 같은 다른 분야에도 똑같이 적용할 수 있다는 것이다.

매우 공감이 가는 말이다. 현재 우리 학원에서 학습 시간량이 독보적으로 1등을 달리는 학생이 있다. 그 학생은 원래 중학교 1학년 때까지 태권도 선수로 활동하던 학생이었다. 그러다가 태권도 대신 공부를 하겠다고 목표를 바꾸게 되었다.

이 학생은 이전까지 다른 친구들에 비해 충분히 공부하지 못했는데도 중학교 2학년부터 비교할 수 없을 정도의 학습량을 소화해 내며, 여러 과목에서 단번에 90점대의 성적을 받아냈다. 그동안 최상위권의 태권도 실력을 위해 노력했던 끈기가 공부에도 작용한 것이다. 이처럼 한 분야에서 길러진 그릿은 충분히 다른 분야로도 뻗어 나갈 수 있다.

그런데 이러한 그릿을 기르는 데 있어 가장 효과적인 수단이 특별활동인 이유는 무엇일까? 저자는 그릿을 기르기 위해서는 어떤 목표를 정한 뒤 열심히 노력하여 그 목표를 달성하는 경험이 중요하다고 말한다. 그 과정에서 힘든 것을 참고 인내하는 과정에서 '마음의 근력'이 길러진다고 한다.

마음의 근력을 다른 말로 표현하면 인내심이나 절제심, 근면성 같은 성품들이다. 저자는 이러한 마음의 근력을 기르기 위해서는 공부도 아니고 놀이도 아닌, 특별활동이 가장 효과적이라고 강조한다.

마음의 근력을 기르기 위해서는 관심·연습·목적·희망 이렇게 네 가지 요소가 필요하다고 한다. 쉽게 말하면 아이가 스스로 관심을 가지고 목표를 세운 다음에, 그 목표를 달성할 수 있다는 믿음을 지닌 채로 포기하지 않고 열심히 해나갈 수 있어야 한다는 것이다.

그런데 공부는 아이가 자발적으로 관심을 가지기가 어렵다. 잘할 수 있다는 믿음을 지니는 것도 그렇다. 따라서 공부를 통해 마음의 근력을 기르는 것은 상대적으로 난도가 높다.

특히 게임이나 일반적인 놀이들은 기본적으로 노력을 안 해도 오랜 시간 열심히 할 수 있게끔 설계되어 있다고 한다. 공부를 하루에 8시간 하기는 어렵지만 게임을 8시간, 10시간 하는 건 누구나 쉽게 할 수 있다. 따라서 게임으로는 노력하고 인내하는 경험을 제대로 할 수가 없다.

특별활동은 마음의 근력을 기르기 위한 네 가지 요소를 가장 잘 갖추고 있다. 특히 '관심'을 가지기에 좋다. 운동하기나 그림 그리기, 악기 연주하기 등 여러 특별활동들은 흥미를 가지고 할 수 있는 것들이 많아 아이들이 자발적인 관심을 가질 수 있다.

특별활동은 보통 실천하기가 어렵지 않으면서도 열심히 연습해야만 잘할 수 있다는 특징이 있다. 이러한 점들 때문에 저자는 아이들에게 특별활동을 시키는 것이 그릿을 기르는 데 가장 효과적인 수단이라고 말한다.

아이가 집념과 끈기를 가진 아이로 성장하길 원한다면, 상대적으로 시간 여유가 있는 어린 나이대에 좋아하고 열심히 할 만한 특별 활동을 찾아 한 가지라도 지속적으로 할 수 있게 해주자.

공부 잘하게 만드는
집안 분위기는 따로 있다

아이들은 주위 사람들의 영향을 정말 크게 받는다. 사실 아이들 뿐만 아니라 성인들도 주위 사람의 영향을 많이 받는다. 회사에서도 다 같이 열심히 하는 분위기면 자연스레 개개인도 열심히 하게 되고, 모두가 느슨한 분위기면 열심이었던 사람도 점차 느슨해진다.

이처럼 기본적으로 사람은 주위 환경의 영향을 받기 때문에 어떤 공부 환경에 놓여 있는지가 매우 중요하다. 만약 아이 주위의 친구들이 모두 공부를 열심히 하고 있다면, '나도 열심히 해야 하나 보다' 하고 생각하게 된다. 그런데 주위의 친구들이든 집안 분위기든, 열심히 하는 사람이 아무도 없으면 '나도 그냥 이래도 되나 보다' 하고 생각하게 된다.

따라서 이 부분을 반드시 점검해야 한다. 공부를 열심히 하는 친구들만 사귈 수는 없지만, 적어도 공부를 열심히 해서 서로 좋은 자극을 주고받을 수 있는 친구가 한 명 이상은 있어야 한다.

무엇보다 더 중요한 것은 바로 집안 분위기다. 가정에서 면학 분위기가 형성되어 있어야 아이들도 그것을 따라간다. 집에서 부모님이 항상 책을 읽는 모습을 보며 자란 아이가 있다고 해보자. 그런 아이는 책을 읽으면서 시간을 보내는 것을 당연히 생각하게 된다. 그러면서 자신도 시간이 남을 때 책을 보거나, 정숙한 분위기에서 무언가를 읽게 된다.

반대로 집안 분위기가 쉽게 말해 '놀자 판'이라고 해보자. 그러면 아이도 당연히 놀자 판으로 살 것이다. 따라서 아이의 공부에 관심이 큰 부모라면 집안 분위기가 어떤지부터 점검해 보자.

단순한 면학 분위기 외에도 집에서 아이가 공부할 때 도움을 줄 수 있는 몇 가지 방법들이 있다. 집은 방과 후에 가장 많은 시간을 보내는 곳이기 때문에 다음 방법들을 실천해 보면 큰 도움이 될 것이다.

1) 방이 아니라 개방된 공간에서 공부하게 하라

집에는 방해 요소가 너무 많다. 일단 침대도 있고 TV도 있고, 별

의별 게 다 있지 않은가. 어린아이들의 눈앞에 사탕을 놓아두고서 먹지 말라고 하면 엄청 고통스러워할 것이다. 차라리 눈앞에 없으면 먹고 싶다는 생각이 안 든다. 마찬가지로 방에 혼자 있어 딴짓을 할 수 있으면 딴짓하고 싶은 게 인지상정이다. 애초에 개방된 공간에 있으면 그런 생각 자체를 안 하게 된다. 예를 들면 거실이나 식탁 같이 개방된 곳에서 공부하는 게 좋다. 부모님이 왔다 갔다 하면서 중간중간에 여러 관리를 해주기에도 훨씬 편하다.

2) 학원에서 공부하는 것처럼 계획을 세워 공부하게 하라

학원에서 공부하면 그래도 공부가 잘되는데, 집에서 공부하면 집중이 잘 안 되는 이유는 무엇일까? 여러 이유가 있겠지만, 그중 하나는 학원에서는 선생님이 오늘 공부할 분량을 딱 정해준다는 것이다. 해야 할 목표가 명확하면, 되는대로 할 때보다 공부에 집중이 훨씬 잘되고 효율성도 높아진다.

학원처럼 한다는 말에 부담을 느끼지 않아도 된다. 한 달 동안 풀기로 정한 문제집이 있으면 4등분 해서 한 주에 풀 분량을 정하고, 이를 다시 7등분으로 나눠 하루에 풀 분량을 목표로 삼는 것이다. 이렇게 분량에 대한 목표를 가지고 공부하면, 집에서 늘어지는 것을 방지할 수 있다.

3) 공부 규칙을 정하고 반드시 지키게 하라

우리가 어렸을 때 어머니께서 정말 강조하셨던 규칙이 하나 있다. 무조건 할 일을 다 끝내야 놀 수 있다는 것이었다.

아이들은 놀고 싶은 마음이 크기 때문에, 먼저 놀고 나서 숙제를 하겠다고 하는 경우가 많다. 그런데 그것을 한두 번 타협해서 들어주다 보면 습관처럼 굳어져 버린다. 그러면 해야 할 것들을 못 하는 일이 반복되고, 결국 공부를 하지 않게 된다.

또한 우리 어머니는 원칙을 만들면 무조건 지켜야 한다고 강조하셨다. 부모님도 아이와 약속한 게 있으면 지키는 모습을 보여줘야 한다. 숙제 끝나고 놀게 해주기로 했으면 그렇게 해줘야 한다. 먼저 놀고 숙제할 거라고 떼쓰더라도 절대 들어주면 안 된다. 이렇게 규칙을 지키는 것을 반복하다 보면, 아이들도 할 일을 다 해야 엄마가 놀게 해줄 거라는 걸 알고 떼를 안 쓰게 된다.

우리도 학원에서 아이들을 가르칠 때 약속을 꼭 지킨다. 한번은 어떤 아이에게 "이 문제들 다 풀면 집에 보내줄게"라고 했는데, 원래 수업 시간에서 40분 정도나 일찍 끝나버리고 말았다. 40분 일찍 보내기에는 너무 시간이 이른 것 같아 20분만 더 하고 가자고 했다. 짜증을 내는 학생을 겨우 달래서 그날은 공부를 20분 더 했다. 그런데 문제는 그다음이었다. 공부를 열심히 해서 다 끝내면 집에 보내주겠다고 공약을 걸자, "선생님, 어차피 빨리 끝내도 더 시킬 거잖아요" 라고 하는 것이었다. 선생님에 대한 신뢰를 잃은 것이다.

따라서 아이들에게 약속했다면, 설령 들어주는 게 내키지 않더라도 반드시 그 약속을 지키자. 그렇게 해야 아이들도 부모를 따라 규칙을 지키는 것의 중요성을 알게 된다.

방해 요소는
원천 차단하라

학습 의지를 관리하는 데 있어 가장 중요한 요소 중 하나는 바로 방해 요소를 원천 차단하는 것이다. 앞서 집에서 공부할 때 개방된 공간에서 공부를 해야 딴짓하고 싶은 유혹을 줄일 수 있다고 했던 것처럼, 애초에 공부를 방해하는 요소가 없어야 공부에 집중할 수 있다.

어떻게 보면 이런 방해 요소들을 차단하는 것이 아이를 너무 옥죄는 것 같을 수도 있지만, 사실 그렇지 않다. 방해 요소들을 없애고 해야 할 공부를 더 빨리 끝낼 수 있게 도와주면 아이는 똑같은 양을 공부했는데도 오히려 홀가분하게 쉬는 시간까지 확보할 수 있다. 반대로 방해 요소들을 그대로 방치해 두면 아이는 똑같은 양을 공부하는 데 훨씬 더 오랜 시간이 걸려, 노는 것도 아니고 공부하는 것도 아닌 애매하고 고통스러운 시간을 보내게 된다. 따라서 아이에게 방해 요소를 차단하는 취지를 잘 설명해 주어 심리적인 반감을 줄인 뒤 실천해 보자.

공부 시간 중 휴대폰은 반드시 통제할 것

방해 요소를 차단하는 일 가운데 가장 기본적인 행위는 휴대폰을 치워두고 공부하는 것이다. 만약 공부할 때 부모님이나 선생님이 같이 있다면, 반드시 휴대폰을 맡겨두고 공부하게끔 하자. 가방에 넣어둔다 하더라도, 자기 손에 닿을 거리에 있으면 친구들에게 연락 온 것은 없나, SNS에 댓글 달린 것은 없나 하면서 계속 한 번씩 휴대폰을 만지게 된다.

만약 부모님이 없는 상황에서 혼자 공부해야 하는데 어떤 이유에서든 휴대폰을 갖고 있어야 한다면, 스마트폰 제어 기능을 활용하는 것도 좋은 방법이다. 요즘에는 아이가 스마트폰을 얼마만큼 어떤 용도로 사용했는지를 부모가 확인하고 제어하는 기능들이 있다. 인터넷에 검색해 보면 쉽게 방법을 찾을 수 있으니 유용하게 쓰도록 하자.

눈속임할 수 있는 여지를 원천 차단하라

공부가 힘들면, 아이들은 자연스레 친구의 숙제나 답지를 베끼고 싶은 마음이 생길 수 있다. 생각보다 많은 학생이 이러한 유혹에 넘어간다. 정말 착실하고 그러한 눈속임을 절대 하지 않을 것 같아 보이는 학생들도, 자세히 들여다보면 정직하지 못한 방법으로 공부하는 경우가 적지 않다.

요새는 유명한 교재들을 인터넷에 검색하기만 해도 답지를 구할 수 있다. 유명하지 않은 교재라 하더라도 학습 질문 앱을 사용하면 답지를 몇 초만에 찾는 게 가능하다. 따라서 처음부터 답을 베끼지 못하게 하는 것은 매우 어렵다.

이럴 때는 테스트로 답을 베끼는 것이 의미가 없게 만들어야 한다. 우리 학원에서는 이렇게 의미 없이 공부하는 상황을 방지하기 위해 항상 단원마다 다른 문제들로 테스트를 본다. 만약 평상시에 숙제 정답률도 높고 잘 풀던 학생이, 똑같은 유형의 숫자만 바뀐 문제를 풀어내지 못한다면 그때는 아이가 제대로 공부하고 있는지 더 자세히 들여다봐야 한다.

가정에서 유사 문제 테스트를 내주기 어렵다면 쉽게 할 수 있는 방법이 있다. 맞힌 문제를 부모님 앞에서 설명해 보게 하자. 정확히 알고 풀지 않았다면 제대로 설명하지 못할 것이다.

이때 주의해야 할 점이 있다. 아이를 의심한다는 느낌을 주지 않아야 한다. 기본적으로 부모님이 본인을 불신하고 있다는 기분이 들면 안 된다. 중요한 문제들을 직접 말로 설명해 보는 것이 수학 공부에 큰 도움이 되기 때문에 몇 개라도 같이 해보는 것이라고 알려주면서 설명을 해보게끔 하자.

쉽게 꺾이는 마음,
우상향으로 이끌어라

"우리 아이가 너무 공부를 안 해요. 원장선생님이 동기부여 좀 해주실 수 있나요?"

많은 부모가 의욕이 없는 학생들 때문에 고민이 크다. 동기부여를 해달라는 요청을 받으면 최대한 시간을 내어 멘토링을 해주려 한다. 멘토링을 하면서 아이의 지금 심리 상태가 어떠한지, 공부에 대한 생각과 의욕은 어떤지 등에 대해 얘기를 나누면서 아이가 공부를 열심히 했을 때의 좋은 점을 말해주고 반드시 잘할 수 있으리라는 믿음을 심어준다.

이러한 대화 과정을 거치면 열 중에 여덟아홉은 강한 학습 의지를 불태우게 된다. 당장 내일부터 숙제도 빠짐없이 꼬박꼬박하고 학원 자습실에 나와 추가로 공부를 더 하겠다고 다짐하기까지 한다. 일단 이것만으로도 시작 테이프는 잘 끊은 것이다.

그러나 문제는 그다음 과정에 있다. 그렇게 마음이 감화되어 열심히 하겠다고 의욕이 불타던 아이들이, 당장 집에 돌아가서 하룻밤만 자고 일어나면 그 마음이 찬물 끼얹 듯 반 이상 식어버리고 마는 것이다. 머릿속에 열심히 하겠다고 다짐했던 기억은 있는데, 막상 노력하려고 하니 힘이 들어 온갖 유혹의 요소들 앞에 점점 무너져 내리고 만다. 시간의 흐름에 따라 아이들이 지니는 의지의 크기를 그래프로 그려보면 아래와 같다.

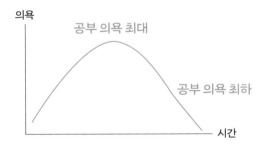

그럼 시간이 흘러도 의욕을 잃지 않도록 하려면 어떻게 해야 할까? 의욕이 꺾일 때쯤에 다시 동기부여를 해주어야 한다. 옆에서 계속 동기부여가 되도록 하는 환경을 만들어주고 가이드를 해주어야 한다. 이것을 우리는 '의지 관리'라고 부른다.

어른들도 무언가를 결심했다가 작심삼일로 끝나는 일이 많다. 그런데 작심삼일을 반복하면 그 결심은 결국 이어진다. 아이들도 마찬가지다. 동기부여를 해주었을 때의 의욕은 쉽게 꺾일 수 있지만, 의지 관리를 반복하면 꺾였다가도 상승하는 과정이 반복된다. 즉 다음과 같이 의지의 크기가 우상향이 되는 것이다.

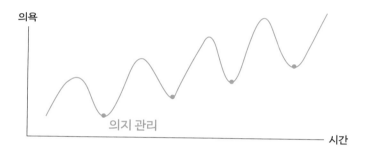

잦은 소통으로 의지를 관리하라

가장 어렵고 중요한 건 작은 불꽃 같은 동기를 오랫동안 활활 불타오르게 하는 것이다. 스스로 강한 의지를 지속적으로 발휘하는 사람은 많지 않다. 아이들뿐 아니라 어른들도 마찬가지다. 그래서 옆에서 의지를 관리하고 계속해서 의지를 북돋는 존재가 필요하다.

이때 지속적인 소통과 피드백이 중요하다. 그냥 3시간 동안 할 공부를 던져주고 알아서 하라고 하지 말고, 작은 목표를 여러 개 설정해 주고 계속 점검해야 효과적이다. 아이가 어릴수록 더욱 그렇다.

여기에 또 하나 중요한 점이 있다.

'내가 공부한 것을 남이 알게 하라!'

누군가 나를 지켜보고 있다고 생각하면 행동을 조심하게 된다. 마찬가지로 공부할 때도 누군가가 알아줄 때 더 열심히 하게 된다. 아이가 열심히 공부하고 숙제도 다 했는데, 아무도 알아주지 않고 부모가 관심이 없으면 쉬운 말로 신이 안 난다.

부모 입장에서는 옆에서 닦달하는 것보다 믿고 맡기는 게 낫지 않겠느냐고 생각할 수 있다. 그러나 힘들수록 응원군이 필요한 법이다. 잘했을 때는 칭찬을 해주어야 신이 나서 더 열심히 하는 선순환 구조가 만들어진다. 반대로 공부를 게을리했을 때에는 역시 부모가 그것을 알고 있다는 걸 알려주고 열심히 해보자고 격려해 줘야 자극이 된다. 이런 피드백이 없으면 아이들은 점점 마음이 풀어진다.

유튜브를 보면 '스터디 위드 미study with me'라는 영상이 많다. 본인이 몇 시간이고 공부하는 모습을 영상으로 찍어 올리는 것이다. 공부를 하고 있으니 화면은 거의 정지 상태에 가까운데, 왜 이런 영상을 올리는 것일까? 그리고 사람들은 이걸 왜 보는 것일까?

올리는 사람은 공부하는 동안 누군가가 지켜보고 있다는 생각에 더 열심히 공부하게 된다. 그리고 영상을 보는 사람은 열심히 공부하는 모습을 보면서 동기를 부여받는다. 영상을 올리는 사람이나 보는 사람이나 누군가 같이 공부하고 있다고 생각하면 더 힘이 나기도 한다.

우리 학원에서도 이 점을 이용한 시스템을 만들었다. 아이들이 공부할 때마다 접속하는 가상의 온라인 교실을 형성해 두었다. 아이들마다 아바타도 있다. 아이들은 자기 아바타를 통해 출석 체크를 하고 교실에 앉은 뒤에, 자신이 공부하는 모습을 캠으로 켜놓은 다음 공부를 시작한다. 비록 가상공간이지만 아이들은 실제로 공부를 하면서 누군가가 지켜보고 있고, 친구들이 함께 공부하고 있다는 사실을 인지하게 된다. 나와 친구들이 몇 시간 동안 공부했는지 비교도 하면서 더 열심히 공부하는 것이다.

이처럼 아이들이 공부할 때 선생님과 부모님은 물론 친구들까지 내가 열심히 공부한 것을 알아주면 의지를 지속하는 데 큰 도움이 된다.

★ ★ ★ ★ ★

6부

부모 자녀 관계

관계가 좋아야
이 모든 게 가능합니다

아이 교육에 관심이 많고 헌신적인 부모도 정작 진짜 중요한 건 간과한다. 바로

자녀와의 관계다. 지금까지 소개한 공부 전략과 방법을 모두 인지했다고 해도

부모-자녀 간의 좋은 관계가 바탕이 되지 않으면 소용이 없다. 아이와 탄탄한

신뢰 관계를 가지고 있어야 옳은 방향으로 지도할 수 있고 아이도 잘 따라올 것

이다.

수백 명의 학부모를 만나면서 깨닫게 된 사실

학원에서 상담을 진행하면서 수백 명의 학부모님들을 만나 얘기를 나누었다. 각자 다른 자녀들의 공부 고민을 가지고 우리와 상담을 했고, 우리는 최대한 그 고민을 해결하기 위한 솔루션들을 안내했다. 그런데 많은 수의 상담을 진행하면 할수록 처음에는 몰랐던 중요한 사실을 도리어 깨닫게 되는 부분이 있었다.

그것은 바로 부모님의 역할에 대한 부분이었다. 우리는 기본적으로 상담을 할 때 교과 공부의 상황을 분석한 뒤, 앞으로 어떻게 공부해야 할지를 조언한다. 그러면 부모님들이 열심히 그 솔루션을 기록해 두었다가 아이들 공부를 지도할 때 나침반처럼 활용하신다.

물론 이런 가이드를 주는 것도 정말 큰 도움이 된다. 그런데 모든 과목에서 이러한 솔루션을 부모님이 알아내어 아이를 지도하는 건 정말 어렵겠다는 생각이 들었다. 또한 교과목 수준의 가이드를 하는 것보다 (눈에 보이지 않고 추상적이지만) 정말 소중한 가치를 잘 챙겨주는 것이야말로 훨씬 더 중요하다는 생각도 들었다.

그러한 가치 중 공부와 관련해서 많이 거론되는 개념이 공부 정서, 자존감, 회복 탄력성, 자기 주도성 같은 것들이다. 이러한 정성적인 부분들은 학원에서 짧은 기간에 길러주기 어렵다. 그러나 아이들의 학습 능력과 성과에 지대한 영향을 미치는 소양이다. 더군다나 이는 부모님이 아니고서는 제대로 챙겨주기 힘들다.

그런데 이러한 소양들을 부모님이 길러주기 위해서는 먼저 갖춰야 하는 것이 있다. 그것은 바로 '자녀와 부모 사이의 안정적인 관계'다. 아이가 부모로부터 충분한 사랑과 안정감을 느끼면, 부모의 여러 조언과 지도들이 부작용 없이 수월하게 받아들여진다. 그런데 아이가 부모를 불신하거나 부모에 대해 부정적인 감정이 크면 그 어떤 부모의 노력도 별 의미가 없게 된다.

'엄마는 내 마음도 모르면서 맨날 잔소리만 해.'

이렇게 생각하는 아이가 과연 부모의 말을 귀담아들으려고 할까?

절대 그렇지 않다. 따라서 모든 것들에 앞서 가장 중요하게 신경 써야 하는 부분은 자녀와의 안정적인 관계를 만드는 것이다. 이 관계가 흔들리는 순간 부모의 그 어떤 노력도 힘을 발휘하지 못한다는 사실을 명심하자.

특출난 자존감을 만들어준
부모님의 대화법

    우리는 자존감이 정말 높은 편이다. 주위 친구들이 '얘네들은 도대체 무슨 자신감인지 모르겠다'라고 할 정도로, 모든 일을 할 때마다 우리가 마음만 먹으면 다 잘 해낼 수 있다고 생각한다. 물론 객관적으로 부족한 면모는 당연히 있지만, 그걸 약점이라고까지는 생각하지 않는다. 이렇게 우리가 높은 자존감을 지닐 수 있게 된 데는 부모님의 역할이 절대적이었다.

    우리가 초등학생 때, 부모님이 우리 가족끼리 추억도 올리고 소통도 할 수 있는 네이버 카페를 만드셨다. 그런데 그 이름이 '대산명가'였다. 우리가 살았던 지역 이름인 '대산'에 명문가라는 뜻의 '명가'를 붙여 아버지께서 지으신 이름이다. 이 얘기를 하면 많은 사람이 웃음을 터뜨린다. 가족 카페 이름을 그렇게 짓는 일은 정말 흔치 않을 것이다.

우리 집은 부잣집도 아니고, 뭐 하나 대단히 내세울 것도 없었던 지극히 평범한 집안이었다. 그렇지만 아버지와 어머니께서는 항상 우리는 큰 인물이 될 것이라고 말씀해 주셨다.

어느 날, 장롱에서 어렸을 때 입었던 옷가지와 책들을 발견했다. 어머니에게 "엄마, 이런 건 왜 보관하고 있어요?" 하고 물었더니, 어머니께서는 이렇게 대답하셨다.

"너희들은 나중에 큰 인물이 될 거다. 그러니까 너희 물건들을 잘 모아뒀다가 나중에 박물관 만들어야지!"

남이 들으면 농담인가 싶겠지만, 우리는 어머니께서 항상 그렇게 말씀하셨기 때문에 우리가 정말 나중에 큰 인물이 될 것이라고 생각했다. 그리고 지금은 우리 물건들을 모아 나중에 가족 박물관을 만들 수도 있겠다고 진심으로 생각하게 되었다. 지금 우리는 서른 살이 넘은 나이가 되었지만, 아직까지도 '정말 그럴 수도 있겠다' 하는 마음을 한편에 가지고 있다.

우리 부모님이 가장 크게 물려준 것이 있다면, 그것은 바로 긍정적인 성향과 높은 자존감이다. 그리고 이러한 성향은 한결같은 부모님의 지지와 사랑이 있었기에 만들어질 수 있었다.

부모님은 우리가 잘못된 행동을 하면 불같이 따끔하게 혼내셨지만, 우리가 다른 아이들에 비해 무언가를 못한다고 혼내신 적은 단한 번도 없다. 우리가 초등학교 1학년 때 받아쓰기 시험에서 40점을 받아 왔을 때도, 중학교 1학년 때 영재교육원 시험에서 떨어졌을 때도, 고등학교에 올라가 첫 학기에 수학 6등급이 나왔을 때도, 부모님은 단 한 번도 혼을 내지 않으셨다. 오히려 '공부에 주눅 들면 안 된다', '공부는 잘할 수도 있고 못할 수도 있다', '충분히 열심히 했다. 나중에는 반드시 더 좋은 결과가 있을 테니 상심하지 말아라'라고 우리를 격려하셨다.

이처럼 부모가 조건과 상관없이 자녀를 사랑해 주고 믿어준다면, 아이는 스스로에게 무한한 믿음을 가진 자존감 높은 아이로 성장할 것이다. 이러한 자존감은 주위 사람들과의 관계를 원만하게 할 뿐아니라, 세상을 살아가면서 겪을 어려운 일들을 헤쳐나갈 수 있는 큰 원동력이 되어줄 것이다.

비교는
관계를 갉아먹는다

우리가 쌍둥이다 보니 공부를 하면서 서로 경쟁하거나 시기하지 않았느냐는 질문을 많이 받는다. 결론부터 얘기하면 우리는 서로를 경쟁 상대로 생각한 적이 맹세코 한 번도 없다. 둘 다 공부를 잘했기 때문이 아니냐고 물을지 모르겠지만, 어떻게 둘이 항상 똑같이 잘할 수 있겠는가. 과목별로, 시기별로 한쪽이 더 처졌을 때도 있었다. 그럴 때는 내가 더 잘한다고 좋아하지 않았다. 오히려 내 시간을 쪼개서 상대방을 도와주려고 했다.

그만큼 우리는 상대의 성적이 곧 내 성적이라고 생각해 왔다. 강한 동료 의식을 가지고 공부했기에 힘들 때면 다시 힘을 낼 수 있었다. 어떻게 경쟁의식이 조금도 없었는지 우리가 봐도 신기해서 그 이유를 생각해 보았다. 그랬더니 어릴 때부터 단 한 번도 비교당한 적이 없다는 게 가장 큰 요인이라는 결론이 나왔다.

실제로 부모님에게 물으니 한 명만 편애하지 않도록 엄청나게 신경을 썼다고 했다. 뭘 해도 둘 다 잘할 수는 없다. 누군 잘하고 누군 좀 처질 수도 있는데, 그럴 때도 부모님은 비교를 하지 않았다. 누구 하나만 나무라거나 칭찬하지도 않았다. 그렇다 보니 나 또한 형제보다 잘한다고 해서 칭찬받은 적이 없어 형제를 이겨야 한다는 생각도 들지 않았다.

우리에게는 형이 있다. 형은 어릴 때부터 공부를 잘했지만 형과 비교당한 적도 없었다. 그냥 형이 가는 학교나 길을 자연스럽게 보여주니 우리는 공부 잘하는 형을 동경하고 그 뒤를 따라가고 싶다고 생각하게 되었다.

아이를 여럿 가진 부모 중에는 이런 고민을 하는 경우가 많다. 모든 아이가 다 공부를 잘하면 좋겠지만, 한 명은 잘하고 나머지는 못할 경우 무의식중에 비교하는 말을 하기도 한다. 잘하는 아이에게만 관심을 쏟기도 한다.

그러면 아이들은 내가 공부를 잘해야 부모가 나를 사랑해 줄 거라고 생각하게 된다. 부모가 나를 무조건적으로 사랑하지 않는다는 사실만큼 아이에게 상처가 되는 일은 없다. 이렇게 생각하기 시작하면 조건부 사랑으로 이어진 부모와의 관계도 위태로워진다.

형제간의 비교도 금물이지만, 더욱 위험한 것은 다른 집 아이들과의 비교다. '옆집 아이를 보니까 벌써 진도를 어디까지 나갔다던데', '반에서 몇 등을 했다던데'와 같은 말을 하면서 비교하는 순간 아이는 스트레스를 받아 부모와의 대화를 꺼리게 된다. 다른 아이와의 경쟁에서 이겨야만 칭찬받고 사랑받는 관계는 안정적인 관계가 전혀 아니다. 조건과 상관없이 아이를 존중해 주고 사랑해 줘야만 아이는 부모로부터 안정감을 느껴 자신을 성장시킬 수 있다.

관심과 감시는
한 끗 차이다

모든 부모는 자녀의 공부에 관심이 많다. 그러나 그 관심을 표현하는 방법은 각자 다르다. 가끔 그 관심이 지나친 경우도 있다. 관심과 감시는 한 끗 차이다. 학생들 입장에서 부모님이 적당한 관심을 보여주면 부모님의 기대에 부응하고자 더 열심히 하기도 하고, 칭찬을 듣고 싶어서 성실하게 공부에 임하기도 한다.

그러나 관심의 정도가 선을 넘게 되면 '부모님이 나를 감시하는 것 같은데', '나를 너무 숨 막히게 하네'와 같은 생각이 들게 된다. 아이를 위하는 마음에서 비롯된 관심이 오히려 부정적인 영향을 미치는 것이다. 그러면 아이들은 점점 부모와 대화를 끊기 시작한다. 예전에는 뭐든 물어보면 대답해 주고 물어보지도 않은 일도 먼저 와서 신나서 얘기하던 아이들이, 부모님이 말을 걸면 대답도 하지 않거나 알아서 할 테니 신경 쓰지 말라며 바로 방문을 닫고 들어가 버리는 일이 벌어진다.

'감시자'가 아닌 '응원군'이 되어라

그렇다면 어떻게 해야 그 선을 넘지 않을 수 있을까? 어떻게 하면 감시가 아니라 관심이라고 느끼게 할 수 있을까?

부모와 자녀 사이의 관계는 '연인 관계'와 비슷하다. 연인 관계에서도 서로 호감에 기반한 관심이 있다. 그러나 간혹 관심이 지나쳐 이를 '집착'이라고 느끼게 되는 순간들이 있다. 관심의 정도는 '얼마나 크면 집착이냐 아니냐' 하는 절대적인 기준이 정해져 있지 않고, 상대방이 느끼는 바에 따라 달라진다.

부모와 자녀와의 관계도 마찬가지다. 자녀가 관심이 아니라 감시라고 느낀다면 그건 감시가 된다. 따라서 부모는 아이가 나의 관심을 어떻게 받아들이고 있는지 유심히 관찰하며 대처해야 한다.

무한한 애정과 관심이 무조건 좋은 건 아니다. 관심을 표현하는 과정에서 아이가 조금이라도 부담스러워하는 것 같다면 조금 아쉬워도 약간의 거리를 두어야 오히려 아이의 마음을 여는 데 더 도움이 될 것이다.

이러한 맥락에서 가장 하지 말아야 할 행동이 바로 '아이의 모든 일을 사사건건 알려고 하는 것'이다. 학생들의 공부가 제대로 이루어지고 있는지 점검하는 일은 중요하다. 하지만 너무 잦은 주기로 세세하게 점검하는 건 바람직하지 않다. 회사 업무에서는 이를 '마이크로매니지먼트micromanagement'라고 칭한다. 내가 일하는 모든 것 하나하나에 대해서 상사가 꼬치꼬치 따지고 평가하면 너무 스트레스받지 않겠는가.

아이들도 똑같다. 적당한 관리 감독은 아이들에게 도움이 된다. 그러나 사사건건 했는지 안 했는지를 체크하면 아이들은 부모가 자신을 감시한다고 느끼게 될 수밖에 없다. 이렇게 되면 아이들도 힘들고 부모도 힘들다.

부모는 '감시자'가 아니라 나에게 관심을 주고 힘들 때면 기댈 수 있는 든든한 '응원군'이 되어야 한다. 부모의 욕심이 아니라 아이에 대한 존중을 기반으로 한 진심 어린 관심을 보여주어야만 감시자가 아니라 응원군이 될 수 있다.

시기마다
엄마표 공부는 달라진다

　학생들의 나이가 어린 경우 부모님들께서 아이들의 공부를 직접 지도해 주는 경우가 많다. 엄마가 아이들의 공부를 직접 지도하는 것을 요새 '엄마표 공부'라고 부른다. 물론 아빠가 공부를 봐주는 '아빠표 공부'도 있겠지만, 여기서는 편의상 통칭해서 엄마표 공부라고 부르겠다.

　초등학생은 공부하는 내용도 그다지 어렵지 않고 해야 할 양도 많지 않다. 그래서 굳이 학원에 보내지 않고도 부모님이 직접 지도할 수 있다. 특히 부모가 아이들의 공부를 지도하며 학습 상태를 직접 관찰할 수 있다는 부분이 큰 장점이다.

그러나 부모가 모두 공부의 전문가가 아니기 때문에 어떻게 지도하는 것이 옳은지, 그리고 엄마표 공부로 과연 몇 학년까지 지도해 줄 수 있는지 궁금해하거나 걱정하는 부모가 많다. 그래서 여기서는 우리가 생각하는 엄마표 공부의 의미와 학년별 부모님의 역할에 대해 이야기해 보고자 한다.

우선 엄마표 공부의 의미부터 명확히 해야 한다. 보통 엄마표 공부라고 하면 부모가 아이의 공부를 직접 가르쳐주는 것만을 생각 한다. 하지만 교과 지식을 직접 가르쳐주는 것뿐만 아니라 학생들의 학습을 관리하고 서포트하는 것까지 포함해야 한다.

이러한 의미에서 엄마표 공부는 그 방식이 초등, 중등, 고등에 따라 달라질 뿐 사실상 초등학교 때부터 고등학교 때까지 전 과정 동안 이루어진다. 이때 학년별로 엄마표 공부의 지도 내용과 부모의 역할이 달라야 한다.

지도자→매니저→지원군으로 변화하자

우선 초등 저학년 때는 부모님의 역할이 절대적이다. 어떤 공부를 시킬지를 결정하고 실제 공부하는 내용과 관련된 부분들까지 직접 봐줘야 하는 중요한 시기다.

초등 고학년은 중등으로 넘어가는 과도기다. 학생들에 따라 중등 방식으로 빨리 넘어가야 하는 아이도 있고, 아직 초등 저학년 때처럼 부모님이 직접 봐주는게 좀 더 유효한 아이도 있다. 이는 아이가 부모님의 지도를 어떻게 받아들이느냐에 따라 달라진다.

중학생이 되면 부모님은 학습 내용까지 직접 봐주는 게 아니라 '관리자'가 되어야 하고, 고등학생 때에는 학습에 필요한 것들을 지원하고 도와주는 '서포터'의 역할만 해도 된다.

이렇게 구분한 이유는 학생들의 나이가 어릴수록 부모님의 말을 잘 듣고, 직접 지도해 주는 것에 대한 거부감이 적기 때문이다. 공부하는 내용의 난도도 낮기 때문에 부모님이 직접 가르치기도 수월하다.

그러나 초등 고학년만 올라가도 학습 내용이 점점 어려워지고 미리 공부하지 않으면 지도해 주기 어려운 내용들도 생긴다. 중등이 넘어가면 사실상 교과 내용을 직접 지도하기가 거의 불가능해진다.

교과 내용적인 측면뿐만 아니라 정서적인 측면에서도 그렇다. 빠르면 초등 고학년 때부터 학생들은 정서적으로 부모님의 세세한 간섭을 싫어하게 되기 때문에 부모님의 적극적인 개입과 지도에 거부감을 보인다.

따라서 초등 고학년에서 중학생이 되면 부모님은 학습을 직접 지도하는 역할에서 벗어나, 공부가 잘 진행되고 있는지 확인하고 모든 과목의 공부가 잘 이루어지도록 학습 방식과 계획을 관리해 주는 '매니저'의 역할로 넘어가야 한다.

시험 기간이 되면 학습 계획을 같이 짜주고, 과목별로 학원·과외·독학 중 어느 방법으로 공부하는 것이 효과적일지, 과목별로 공부가 잘 이루어지고 있으며 문제는 없는지 확인하는 역할을 해주어야 한다. 중학생은 아직 공부 습관이나 방식이 완성되어 있는 시기가 아니다. 그래서 초등 때만큼의 직접적인 지도는 아니지만 여전히 부모님의 도움이 크게 필요하다.

공부를 성실히 하는 학생이라면 고등학생이 되었을 때 웬만한 부모님보다 공부 관련한 사항을 더 잘 안다. 그렇기 때문에 이 시기에는 아이들이 공부해 나가면서 필요하다고 하는 것들을 제때 지원해 주는 역할을 해야 한다. 학원이나 입시 정보를 찾거나 기출문제나 특정 학습 자료를 찾는 등, 시간이 필요한 일들에 부모님이 도움을 줄 수 있다.

우리 집에서는 특히 아버지께서 입시 정보와 공부법 관련된 정보를 찾아 많이 알려주셨다. 대학교 전형별로 평가 요소와 준비해야 하는 것, 합격자 수기, 수능 100일 전부터 과목별로 챙겨야 할 것 등과 같이 시간과 노력을 투자해 모아야 하는 정보들을 대신 찾고 수집해 주셔서 큰 도움을 받았다.

마지막으로, 고등학교 시절 부모님은 아이들에게 '심리적 지원군'

이 되어주어야 한다. 초중고 때 모두 이 역할을 해줘야 하지만, 고등학교 때는 입시에 대한 압박감과 부담감으로 인해 아이들이 심리적으로 더욱 힘들어하기 때문에 보다 중요하다. 아이들이 힘들거나 괴로워할 때 위로하고 포기하지 않게 독려해 줘야 한다.

학생들이 성장하며 심리적·환경적으로 변화하는 것에 맞춰서 부모님의 역할도 달라져야 한다. 아이들의 시기에 맞게 필요할 때마다 현명하게 도와주는 것, 길고 힘든 공부 여정을 견뎌낼 수 있는 버팀목이 되어주는 것이 진정한 의미의 엄마표 공부다.

허용적 부모 vs. 엄격한 부모

부모님들의 단골 고민거리 중 하나는 얼마나 아이에게 엄격하게 대해야 하는지일 것이다. 아이가 올바른 길로 나아가게 하려면 어느 정도 통제를 하긴 해야 하는데, 너무 엄격하게 대하다 보면 자율성을 해쳐 주체적인 아이가 되지 못할 것 같다는 걱정이 생긴다.

이에 대해 현명한 답을 제공하는 책이 있다. 앞서 5부에서 언급했던 앤절라 더크워스의 『그릿』이다. 이 책을 보면, 포기하지 않고 노력하는 열정과 끈기인 '그릿'을 길러주기 위해 엄격한 부모와 허용적인 부모 중 어떤 방식이 더 적합한지 설명하고 있다.

결론부터 말하면, 이 두 가지는 양자택일의 문제가 아니다. 두 가지 성격을 동시에 고루 갖추는 것이 가장 훌륭한 부모의 양육 방식이다.

심리학에서는 부모의 양육 방식을 아래와 같이 4가지로 분류한다. 가로축은 부모가 자녀에게 얼마나 요구하느냐, 세로축은 부모가 자녀에게 얼마나 큰 신뢰와 지지를 보내느냐를 뜻한다. 이에 따라 허용적 양육 방식·현명한 양육 방식·방임적 양육 방식·독재적 양육 방식으로 나뉜다.

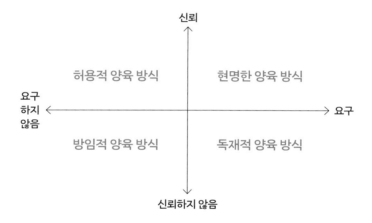

원래 미국 심리학자 다이애나 바움린드의 4가지 양육 방식에서는 '현명한 양육 방식wise parenting' 대신 '권위적 양육 방식authoritative parenting'이 들어가 있었다. 그런데 '권위적'이라는 말이 '독재적'이라는 말로 오해될 소지가 있어서 다크워스는 '현명한 양육 방식'으로 이름

을 바꿨다. 우리도 여기서는 현명한 양육 방식이라는 용어를 쓰도록
하겠다.

부모의 이기심을 엄격함으로 착각하지 말라

실제로 학원을 운영하며 네 가지 양육 태도를 가진 부모를 다 만났다. 그중에서 가장 부작용이 커서 안타까운 경우는 독재적 부모와 허용적 부모다.

우선 독재적 양육을 하는 부모들은, 아이들이 스파르타식 훈련처럼 힘든 상황 속에서 채찍질하여 성공하는 경험을 했을 때 인내심과 의지력이 생긴다고 본다. 그런 아이들이 더 높은 목표를 세워 열심히 달려나가는 힘을 기르게 된다는 것이다.

그러나 부모의 이기심을 엄격함으로 착각하지 말아야 한다. 부모의 이기적인 마음을 '나는 우리 아이를 위해서 엄격하게 하는 거야'라며 감추지 말라는 것이다. 물론 아이가 어릴수록 스스로 판단하기 어렵기 때문에 부모가 가이드하고 어느 정도 통제하는 행동은 반드시 필요하다.

그런데 아이가 부모의 사랑을 충분히 느끼지 못하는 상태에서 강한 통제만 가한다면 문제다. 이때 부모의 마음이 실제로 어떤지와

별개로 아이들이 부모님을 어떻게 느끼는지가 중요하다. 부모 입장에서는 모두 아이를 위해 하는 일이지만, 노력이 부족해 아이가 그 사랑을 느끼지 못하는 경우가 많다. 실제로 많은 아이의 단골 멘트가 "저는 공부하기 싫은데 엄마가 시켜서 억지로 하는 거예요"이다.

부모의 사랑과 관심, 존중과 지지는 느끼지 못하는 상황에서 엄격하게만 군다면 아이들은 부모의 이기심만 느끼게 될 것이다. 그러면 부모의 말을 잘 따르지 않는다. 부모와의 신뢰관계가 있어야만 부모의 엄격함도 아이가 이해하고 받아들일 수 있다.

부모의 방임을
아이에 대한 믿음으로 착각하지 말라

두 번째로 부작용이 큰 양육 방식은 바로 '허용적 양육방식'이다. 허용적 양육을 하는 부모들은 엄격하게만 하면 아이가 시키는 대로 하게 되어 수동적으로 변한다고 말한다. 그러므로 아이를 무조건 믿고 원하는 대로 하게 둬야 한다는 것이다.

어떤 학부모들은 아이가 스트레스받지 않으면서 청소년기를 보내고, 정말 하고 싶은 일을 하면서 살았으면 좋겠다고 말한다. 물론 이런 생각은 그 자체만으로는 바람직하다.

그런데 여기서 한 가지 주의할 점이 있다. 아이의 의견과 자율성을 존중해 주는 것은 좋다. 그러나 아이들이 성장기에 기본적으로 익혀야 할 소양들을 길러주지 않으면서 무조건 자율성만 준다면, 이는 아이를 위한 길이 될 수 없다. 예를 들어 인성이나 예의범절, 인내심과 같은 덕목들은 청소년기에 반드시 함양해야 하는 것들이다. 특히 인내심의 경우 허용적 양육 방식에서 많이 놓치게 되는 부분인데, 해야 할 것들이 있으면 설령 하기 싫더라도 노력해서 끝낼 수 있는 마음의 근력을 꼭 길러줘야 한다.

단순히 초등학교 때부터 치열하게 공부해야 한다는 얘기를 하는 것이 아니다. 다만 아이를 존중한다는 명목 아래 기본적으로 해야 할 교과 과정도 하지 않고, 실제로는 방치를 하면 안 된다는 것이다. 이것은 존중이 아니라 방임이다. 부모의 방임을 아이에 대한 믿음으로 착각하지 말아야 한다.

아이들이 사회에 나와서 잘 살아가기 위해서는 성장기에 스스로 무언가 노력해서 이뤄내는 경험을 해봐야 하고, 그럴 기회도 줘야 한다. 꼭 공부가 아니어도 무언가 좋아하는 것을 찾아서 열심히 해봐야 한다.

그런데 아이를 존중한다는 명목으로, 뭔가를 시도했다가 금방 포기해도 마냥 괜찮다고 얘기해 주는 경우들이 있다. 이게 반복되면 아이들은 '포기 전문가'가 될 수도 있다. 따라서 아이가 자발적으로 무언가를 하기로 결정했다면, 중간에 하기 싫어졌어도 적어도 처음 시작할 때 부모님과 약속한 일정 기간 동안은 포기하지 않고 하게끔 이끌어야 한다.

권위와 사랑의 밸런스를 맞춰라

예상했겠지만 가장 좋은 양육 방식은 요구도 하면서 지지도 보내주는 현명한 양육 방식이다.

부모가 너무 엄격하기만 하면 아이의 자기 주도성을 해치게 될 수 있다. 생각해 보면 우리 부모님은 우리에게 어떤 성취 결과를 직접적으로 요구하신 적이 별로 없다. 어머니께서는 정말 단 한 번도 "시험 잘 봐라", "너는 무슨 직업을 가져라"와 같은 말씀을 하신 적이 없다. 우리가 주체적으로 공부하고 살아올 수 있었던 건 부모님이 우리에게 무언가를 강요하지 않았기 때문이라고 생각한다. 내가 하고 싶어서 하는 공부이기에 더 열심히 했고, 힘이 들더라도 이겨낼 수 있었다.

그러나 한편으로, 우리 부모님은 지지와 더불어 가장 중요한 원칙들에서는 절대 타협하지 않았던 단호함을 보여주었다. 부모님이 아이에 대한 무한 신뢰와 지지 그리고 사랑을 보내주는 건 좋지만,

기본적인 의무와 책임을 다하지 않는 아이에게는 단호해질 필요가 있다.

그렇지 않으면 당연한 걸 요구하면서도 애원하고 구걸하는 부모가 된다. 부모의 권위가 추락하는 것이다. 지지를 보내주면서도 원칙에 대해서는 단호함을 보이는, 권위를 가진 부모가 되어야 한다. 우리 부모님도 우리가 학교 숙제를 안 하거나 놀고 나서 방 정리를 안 하는 등 기본적인 일을 하지 않으면 여지 없이 엄하게 혼을 내셨다.

만약 너무 엄격하기만 한 방식으로 양육했다는 생각이 든다면 아이가 좀 더 지지와 사랑을 느낄 수 있게 노력해야 한다. 반대로 허용적인 양육을 하고 있다면, 지금 주고 있는 믿음과 사랑은 그대로 표현하되 좀 더 중요한 원칙에 있어서는 단호한 모습을 보여주어 권위를 가진 부모가 되도록 노력해 보자.

부모의 정성은
자녀의 마음을 움직인다

우리 형제도 공부를 하면서 부침이 없었던 건 아니다. 때로는 다 내려놓고 놀고 싶을 때도 있었고 마음이 풀어질 때도 있었다. 사춘기 때는 여느 아이들처럼 방황을 겪기도 했다. 그러나 크게 엇나가지 않고 금방 제자리로 돌아올 수 있었던 근본적인 이유는 부모님 때문이었다. 부모님이 우리를 얼마나 사랑하고 신뢰하는지 알기에 그 믿음을 저버리기 싫었다.

우리 형제는 학창 시절에 거실에서 공부했는데, 시험공부를 하고 있으면 어머니도 항상 옆에서 상을 펴놓고 책을 읽었다. 그러다 채점이 필요하면 채점을 해주셨고, 공부하다가 우리가 모르는 것이 나오면 아는 내용이 아니어도 같이 연구하고 공부하며 끝내 해결할 수 있도록 도와주셨다. 배가 고프다고 얘기하면 언제든 정성스레 간식을 준비해 주셨다.

아이에게 뭔가를 가르쳐줘야 한다는 부담을 갖거나 꼭 같이 공부하려 하지 않아도 된다. 그저 내가 공부하는 걸 부모가 알고 있으며 마음을 쓰고 있다는 것을 표현하는 것만으로 아이는 힘을 얻는다. 우리는 야행성이어서 시험 기간에 새벽까지 공부하는 경우가 많았다. 늦으면 새벽 4시까지도 공부했는데, 어머니는 우리가 공부하고 있으면 그게 몇 시든 단 한 번도 먼저 주무신 적이 없다. 그럴 때면 우리는 이렇게 말했다.

"엄마, 우리 때문에 왜 늦게까지 남아 있어. 그냥 들어가서 자도 돼."

그때마다 어머니는 이렇게 말씀하셨다.

"너희들이 이렇게 고생하고 있는데 어떻게 엄마가 먼저 잘 수가 있겠니. 엄마는 옆에서 책 읽고 있으면 되니까 걱정 안 해도 돼."

이 말에서 어머니의 진심이 느껴졌다. 어머니가 이렇게까지 하는데 우리가 더 잘해야겠다는 생각도 들었다. 이렇듯 감시자가 아닌

든든한 조력자가 되어주면 아이들도 그걸 느낀다.

우리가 기숙사 고등학교로 진학하기 전까지, 중학교 3년 내내 어머니는 우리가 새벽까지 공부하고 잠들면 오전 4시에 새벽 기도를 항상 가셨다. 거의 하루도 안 빠지고 우리를 위해 기도했다. 어머니는 우리에게 말로 부담을 주거나 잔소리를 하지 않았다. 그 대신 우리를 위하는 마음을 행동으로 보여주셨다.

우리도 공부하다 보면 하기 싫고 마음이 흔들릴 때도 있었다. 그러나 어머니가 우리를 위해 정성을 쏟는 모습을 보면서 마음을 다잡게 되었다. 부모님이 자신을 얼마나 믿고 사랑하는지를 마음으로 느끼는 아이들은 흔들려도 꺾이지 않고 금방 중심을 잡는다.

사소한 정성이 아이를 감동시킨다

공부에 있어서뿐 아니라 평소에도 자녀를 사랑하는 마음을 보여주는 것이 중요하다. 어머니가 책을 쓴 적이 있다. 우리도 그 책을 보고 처음 알게 되었는데, 어머니는 항상 '감동을 주는 부모가 되자'라고 생각했다는 것이다. 이걸 너무 거창하고 어렵게 생각하는 부모가 많다. 그러나 아이들이 부모의 사랑을 느끼는 건 그리 대단한 게 아니다. 생활 속에서의 아주 사소한 정성에도 아이는 감동한다.

우리도 그랬다. 우리가 초등학교 때 소풍을 가서 천 원짜리 기념품을 사드려도 어머니는 그걸 오랫동안 사용하셨다. 작은 손편지 하나도 장식장에 진열해 소중히 여기는 모습을 보며 부모님이 우리를 정말 사랑한다고 느낄 수 있었다.

우리가 살던 아파트는 오래되어서 비가 많이 오면 엘리베이터가 고장나곤 했다. 우리 집은 당시 11층이어서 한참 동안 계단을 올라와야 했다. 그래서 비가 와 엘리베이터가 고장날 때면 아버지께서 아파트 입구에 마중 나와 학교나 학원에서 돌아오는 우리의 책가방을 메고 함께 계단을 올라갔었는데, 형은 아직도 그 모습이 떠오른다고 한다.

모든 걸 대신해 주는 건 아이의 독립심을 해친다. 그렇다고 모든 걸 혼자 하라고 떠미는 것도 가혹하다. 스스로 할 일은 정확히 가르치고, 곁에서 지켜보다 아이 짐이 너무 버거울 때는 도와주는 양육의 밸런스가 필요하다. 계단을 오를수록 점점 더 힘이 드는 것처럼 입시도 학년이 올라갈수록 힘들어진다. 그 힘든 여정 내내 곁에서 묵묵히 응원하며 함께해 주는 부모는 언제나 아이를 감동시킨다.

아무리 능력 좋고 훌륭한 부모라도 아이 공부를 대신해 줄 수는 없다. 하지만 아이에게 방향을 제시하고 지지를 보내는 건 부모밖에 없다. 입시는 길고 힘든 여정이지만, 그런 부모와 함께라면 아이들은 힘들어도 행복할 것이다.

누구나 성공하는 방식으로
공부할 수 있습니다

학부모 상담을 해보면 아이가 공부를 잘하도록 도와주고 싶은 마음은 굴뚝같지만 그 방법을 잘 몰라 헤매는 부모가 많다. 유명한 학원에 보내도 성적이 오르지 않고, 일대일 과외를 시켜도 변화가 없으며, 선행도 열심히 시켰는데 막상 시험을 보면 성적이 안 나오는 상황들을 보며 더 이상 어떻게 지도해야 좋을지 막막해한다.

우리도 아이들의 학습을 지도하는 선생님으로서 별의별 방법을 다 동원해 가며 공부를 시켜봤다. 그 과정에서 정말 열심히 지도해도 변화가 없는 학생들을 만나며 힘이 빠지기도 했다. 그런데 그런 과정을 수도 없이 반복하다 보니 아이의 공부를 가장 성공에 가깝게

이끌어줄 방법들이 하나둘 보이기 시작했다.

그중 첫 번째는 '맞춤형 교육'이었다. 열심히 공부했는데 정작 시험 결과는 안 좋은 학생들을 살펴보면 대부분 자기 상황에 맞지 않는 공부를 하고 있었다. 중학교 입학 전까지 중학교 전체 과정을 미리 끝내놓아야 한다는 말을 듣고 허겁지겁 초6 때 중학교 전 과정을 빠르게 훑었지만, 막상 중학교에 입학하고 본 시험에서 70점대를 받는 학생이 셀 수도 없이 많다. '언제까지 무슨 공부를 끝내야 한다', '상위권 성적을 받기에는 이미 늦었다'와 같은 말들은 아이를 공부의 중심에 두지 않았을 때 나오는 말들이다. 그런 말들에 주의를 기울이면 중심을 잃고 무너지게 된다.

공부의 출발점은 반드시 아이가 되어야 한다. 병원에서 진료도 보지 않고 처방을 하는 경우는 없다. 정확한 진단이 있어야만 정확한 처방이 가능하다. 공부도 마찬가지다. 성공으로 가는 단 하나의 만병통치약은 없다. 아이의 공부 성향, 공부 습관, 학습 상황 등에 따라 앞으로 가야 할 최적화된 길이 달라진다. 따라서 아이의 공부를 성공으로 이끌고 싶다면, 가장 먼저 아이의 현재 상황을 최대한 깊이 있고 정확하게 분석하기 위해 각고의 노력을 기울여야 한다.

먼저 아이에게 동기부여가 잘되어 있는지 살펴보자. 아무리 훌륭한 교재와 강의가 있어도 공부할 마음이 없다면 무용지물이다. 공부하고자 하는 마음이 생기기 위해서는 공부의 필요성을 느껴야 하고 공부로 이루고 싶은 목표가 있어야 하며, 공부를 잘할 수 있다는 희망이 있어야 한다. 이 중 하나라도 빠진 것이 있다면 반드시 채워주어야 한다.

다음으로는 공부법을 점검해야 한다. 성공으로 가는 단 하나의 만병통치약은 없다고 했지만, 상황에 맞는 효과 좋은 처방전과 치료법들은 존재한다. 과목별로 아이의 실력에 맞는 난이도로 공부하고 있는지, 과목마다 실력을 높이는 원리에 맞게 효과적으로 공부하고 있는지, 시험 기간 대비와 방학 공부는 각 시기에 맞게 올바르게 하고 있는지 점검해야 한다.

전략과 계획을 세웠으면 강한 의지를 지니고 꾸준히 실천할 수 있게 도와주어야 한다. 공부를 루틴이자 규칙으로 습관화하도록 하여 공부 그릇을 키워주고 공부에 몰입할 수 있는 집안 환경을 만들어 주어야 하며, 공부 과정에 대한 부모님의 지속적인 피드백이 반드시 있어야 한다. 학습 의지도 체계적인 도움을 받으면 훨씬 강해질 수 있다.

마지막으로, 이 모든 부모의 도움은 부모와 자녀 사이의 관계가 안정적일 때 비로소 빛을 발한다. 아이는 부모로부터 충분히 사랑과 존중을 받고 있다고 느껴야 한다. 아이에게 부모는 힘든 일이 있으면 기댈 수 있고 모르는 것이 있으면 물어볼 수 있고, 즐거운 일이 있으면 나눌 수 있는 존재여야 한다. 그러면서도 동시에 중요한 원칙은 단호하게 요구하여 말에 권위가 있는 부모가 되어야 한다.

이것들이 우리가 수많은 아이를 지도하며 지금까지 깨닫게 된 노하우들이다. 지켜야 할 것들이 너무 많다고 느껴질지도 모르겠다. 그러나 너무 부담 갖지 말자. 이 모든 것들을 한꺼번에 다 실천해야만 한다는 강박을 가지기보다는, 한 주에 하나씩 차근차근 실천해 나간다고 생각해 보자. 그러면 1년이 지났을 때 약 52가지의 발전을 성취하게 된다. 한 주에 하나가 어렵다면 한 달에 하나라도 괜찮다. 매달 자신을 위해 노력하는 부모의 모습을 아이가 보는 것만으로도 큰 변화가 있을 것이다.

공부의 목적은 단순히 높은 성적을 받는 것이 되어서는 안 된다. 우리는 아이들의 성적을 올려주는 일을 하고 있지만, 우리는 그 너머의 가치를 본다. 그것은 아이들이 미래에 성인이 되어서 스스로 세상을 헤쳐나갈 힘을 길러주는 것이다. 목표를 설정하고, 계획을 세워 열심히 실천하고, 시행착오를 겪지만 결국엔 극복해 내는 힘을 길러주는 것이야말로 성적을 올려주는 것보다 훨씬 더 중요한 가치다.

우리는 타고난 환경의 차이로 인해 양질의 교육으로부터 소외되는 아이들이 없는 세상, 그리고 그로 인해 누구나 더 나은 미래를 꿈꿀 수 있는 세상을 꿈꾼다. 그러한 세상을 만드는 과정에 우리와 같이 아이들에게 더 나은 미래를 만들어 주고자 하는 전국의 모든 부모님에게 이 책이 조금이나마 도움이 되었기를 바란다.

마지막으로 우리를 사랑과 정성으로 길러주시고 항상 아낌없는 지지를 보내주시는 부모님께 감사의 인사를 전한다.

2024년 3월
서울대 쌍둥이 여호원, 여호용

기적의
서울대 쌍둥이
공부법

초판 1쇄 발행 2024년 3월 12일
초판 7쇄 발행 2024년 4월 17일

지은이 여호원, 여호용
펴낸이 김선식

부사장 김은영
콘텐츠사업본부장 박현미
기획편집 권예경 **책임마케터** 문서희
콘텐츠사업7팀장 김단비 **콘텐츠사업7팀** 권예경, 이한결, 남슬기
마케팅본부장 권장규 **마케팅1팀** 최혜령, 오서영, 문서희 **채널1팀** 박태준
미디어홍보본부장 정명찬 **브랜드관리팀** 안지혜, 오수미, 김은지, 이소영
뉴미디어팀 김민정, 이지은, 홍수경, 서가을, 문윤정, 이예주
크리에이티브팀 임유나, 박지수, 변승주, 김화정, 장세진, 박장미, 박주현
지식교양팀 이수인, 염아라, 석찬미, 김혜원, 백지은
편집관리팀 조세현, 김호주, 백설희 **저작권팀** 한승빈, 이슬, 윤제희
재무관리팀 하미선, 윤이경, 김재경, 이보람, 임혜정
인사총무팀 강미숙, 지석배, 김혜진, 황종원
제작관리팀 이소현, 김소영, 김진경, 최완규, 이지우, 박예찬
물류관리팀 김형기, 김선민, 주정훈, 김선진, 한유현, 전태연, 양문현, 이민운
외부스태프 **디자인** 정윤경 **글 정리** 조창원

펴낸곳 다산북스 **출판등록** 2005년 12월 23일 제313-2005-00277호
주소 경기도 파주시 회동길 490 다산북스 파주사옥
전화 02-704-1724 **팩스** 02-703-2219 **이메일** dasanbooks@dasanbooks.com
홈페이지 www.dasanbooks.com **블로그** blog.naver.com/dasan_books
용지 스마일몬스터 **인쇄** 민언프린텍 **제본** 다은바인텍 **코팅 및 후가공** 제이오엘엔피

ISBN 979-11-306-5151-4 (03370)

· 책값은 뒤표지에 있습니다.
· 파본은 구입하신 서점에서 교환해드립니다.
· 이 책은 저작권법에 의하여 보호를 받는 저작물이므로 무단 전재와 복제를 금합니다.

다산북스(DASANBOOKS)는 독자 여러분의 책에 관한 아이디어와 원고 투고를 기쁜 마음으로 기다리고 있습니다.
책 출간을 원하는 아이디어가 있으신 분은 다산북스 홈페이지 '원고투고'란으로 간단한 개요와 취지, 연락처 등을 보내주세요.
머뭇거리지 말고 문을 두드리세요.